后浪

讲谈社·诸子的精神

读孟子本

［日］贝冢茂树 著

李斌 译

北京联合出版公司
Beijing United Publishing Co.,Ltd.

前　言

孟子如果认识与他同时代的日本人的话，会是怎样的日本人呢？

中国的古代王朝，也就是商周王朝的人，是如何获得周边其他民族的知识的呢？按照惯例，比较正式地获得这方面知识的机会，是王朝为新任君王举行即位仪式时，要求周边广大民族的代表集中起来，也就是要求他们朝贡。该仪式的流程如何呢？《周书》[1]中有一篇《王会解》讲述了周王朝让周边各国代表集中到成周[2]，也就是洛阳所举办的仪式。

《王会解》的最后讲到，商朝的开国君主商汤[3]让著名宰相伊尹[4]制定了"四方献令"，规定了各民族需要负担的朝贡物品。

1　即《逸周书》，记载周朝的史事。本书的脚注未另加说明的均为译者所加，特此说明。
2　西周的东都，也是东周的都城。
3　又称"成汤"，原为东方商族部落的首领。公元前16世纪，他联合许多部落举兵推翻夏朝，在亳（今河南商丘附近）建立了商朝。
4　商汤的大臣，名伊，尹是官名。相传生于伊水，故名。原本是商汤妻子陪嫁的奴隶，后辅佐商汤推翻夏朝。

　　"四方献令"中提到的东方诸民族的九夷，也许就包括日本人。根据该书的注释，这些民族是披头散发的，也就是说，他们不像中国人那样穿着正式的衣冠，而且他们身上还有"文身"。中国人看见的可能是九州一带的渔民。他们文身是为了潜入海中捕鱼时，避免鲨鱼咬他们。据说他们献上了捕鱼时须臾不离身的防身匕首。

　　日本和中国开始有了交流之后，日本的知识分子和官吏等往来于中日两国之间。那时他们肯定穿着和中国人一样的服装。而且，像《孟子》这样的专门书籍也应该很自然地传到了日本。

　　孟子是儒学创始人孔子的继承者，至今孔孟并称，人们也一直认为孟子是圣贤，体现了儒学道德的理想人格。而我则试图将孟子当作一个在中国古代的战国这一时期出生并去世的、活生生的人。

　　如今出版的《孟子》的文本、译本、注释书可谓汗牛充栋，但却很难找到能让人读起来津津有味的。因此，尽管我不是专业研究孟子的，却仍然接受了写这本书的任务。

昭和六十年[1]六月

贝冢茂树

1　即1985年。——编者注

目　录

孟子思想的时代背景——战国时代

孟子其人与思想

《孟子》这部著作

6

孟子思想的时代背景——战国时代

一 混沌的时代

从西周到东周

孟子生活的时代，也就是中国春秋时期之后的战国时期，到底是一个怎样的时代呢？为了理解孟子的思想和行为，我想先试着梳理一下当时的时代状况。春秋、战国这一时代划分的依据是著名的史书《春秋》和《战国策》。

在公元前五、六世纪的中国，代代世袭、有着"太史"等称谓的史官有一个习惯，即把政府的官方活动按照年代顺序加以记录。据说当时，以曲阜（今山东省曲阜市）为都城的鲁国史官也留下了这种记录。而儒学的创始者孔子以这些记录为基础，加以增删，编纂成了《春秋》一书。《春秋》所讲述的是公元前722年到公元前481年这大约240年间的事情。在以孔子为祖师爷的儒学弟子看来，这一期间呈现出的完全是一幅末世景象。公元前770年，原本以陕西省为根据地的西周的都城（今西安）遭到北方蛮族的蹂躏，于是周王室逃到河南洛阳，建立了东周。周室东迁之后，各诸侯国在接二连三的内忧外患中失去了秩序。臣弑君、子弑父等现象层出不穷，造成了一个无法收拾的混沌时代。儒家学者深信，孔子之所以编纂《春秋》，是因为他对道德沦丧的社会和忘记道义的臣子的行为感到极度不满，试图恢复其理想中的西周制度，重建大义名分。

正如"春秋笔法"这个词所表示的，孔子抱着劝善惩恶的念头，对鲁国的编年史进行了严正的批判。

春秋时期始于西周灭亡50年之后的公元前722年，大体可以认为春秋时期就是东周的前半段。

与此相对，战国时期始于春秋时期结束的公元前481年以后，终于秦始皇统一六国的公元前221年，属于东周的后半段。不过，关于这一时期的起始年份，历来众说纷纭。最近[1]有一种说法是春秋时期中原最大的强国晋国被韩、魏、赵这三家豪强实质瓜分，即公元前453年算作战国时期开始。不过，自古以来在中国比较占上风的说法要更晚一点，即三家被周王室认可为诸侯的公元前403年。

"战国"这个词来自最终成书于西汉末年的《战国策》一书。该书作者不明，记录的是七个强国围绕霸权展开激烈的外交和战争的情况。这七个国家包括春秋时期以来就是南方强国的楚，

1　指1985年。——编者注

兴起于中原的韩、魏、赵、齐，位于边境的秦和燕。书中以活跃在外交舞台上的众多纵横家的辩论为中心，汇集了各国间的抗争以及政治家、游侠、刺客等的故事。

在战国时期，七个国家之间展开了激烈的对抗。当时被称为外交家或纵横家的一流雄辩家们各执己说，激烈交锋。《战国策》就是他们的辩论集，而并非是《春秋》那样的编年史，因此书中的年代无法清楚地确定。中国第一位历史学家司马迁将春秋时期之后的战国时期定义为六国时代，即新兴的七国减去秦国。因此《战国策》将"战国"作为指称东周后期的名称加以使用。

据说，西周的文化奠基于文王[1]这位中国数一数二的伟人之手，后来在他的儿子周公旦[2]手中得以完善。周公是孔子最为崇拜的人物，而且孔子的祖国是周公的子孙所建立的鲁[3]，因此孔子才将周公创设的西周文化视为理想的文化，对其抱有异乎寻常的憧憬。中国的历史学家们同时也是儒家学者，因此孔子心目中的理想人物周公，也是历史学家们心目中的理想人物。然

1　即周文王，姓姬名昌，商朝末期周族领袖，商纣王封他为西伯，故又叫伯昌。他以岐山周原（今陕西扶风）为根据地，兼并附近的诸侯国，国势强盛。在位50年。他的儿子周武王夺取天下后，追封他为文王。

2　西周政治家，姓姬名旦，周文王之子，周武王之弟。因其采邑在周（今陕西岐山北部），故被称为周公。他先助武王消灭商朝，武王死后，其子年幼，由他摄政。相传他制礼作乐，建立典章制度，对后世影响很大。

3　周代诸侯国名，在今山东曲阜一带。

而，西周虽然是孔子和历史学家们心目中的理想国家，西周的礼制文化虽然拥有完备的文物制度，但这些逐渐开始崩溃。春秋战国时代就是周朝创建的理想文化和制度渐趋崩溃的令人难过的过程。一直以来，春秋战国时期被看成是文化衰退的时期。

即便如此，仔细观察就会发现，春秋、战国这两个时期之间有着显著的差异，甚至存在着众多尖锐的对立。首先让我们来看看政治方面的具体例子。

祭政合一的传统

西周王朝的政治特点是祭政合一。当时各地散布着很多小型城市国家，周王室的族人和功臣被分封到这些地方，周和这些城市国家之间的关系可以说是总部和分部的关系，分部有义务参加在总部举行的祭祀祖先的仪式。当周王室作为宗主举行宗庙的祭祀时，会将分部的诸侯都召集起来，分别给他们安排适当的任务，以保持与他们之间的紧密联系，进而确认诸侯对周朝宗室是否忠诚。像这样以祖先的祭祀为媒介来施行统治的方式，就叫作祭政合一。按现代的说法就是神权政治（theocracy）。

到了春秋时期，周王室和诸侯之间的血缘关系渐趋淡薄，宗庙祭祀的信仰也逐渐失去，这是一个不得已的趋势。但是，"国之大事，在祀与戎"[1]，说到国家大事，还得数祭祀与军事——这一西周时代的风习仍根深蒂固。例如，东周王朝虽然实质上已经失去了中央集权式的统治力，但列国仍然承认周王室是总部，是宗主。因此，从观念上来说周王室依然统治着整个中国，保留有传统的权威。

春秋列国之间虽然展开了白热化的权益斗争，但对立的各国仍然会在宗庙祭祀时聚于一堂，展开所谓的会盟。会盟时，根据惯例，各国的大臣们会声称自己国家拥有的某些传统权利。各国在以祭祀为基础的周朝宗教活动中的作用和序列，以及各国的建国由来等，是其声称的主要依据。通晓这种宗教活动和典章制度的人被认定为思想界的权威，同时也被赞誉为第一流的外交官。各国代表都发挥出最强的记忆力，滔滔不绝地讲述他们的建国由来，等等。

祭祀的仪式顺利结束之后，还设有盛大的酒宴。酒宴上，通晓各种由来、古典造诣深厚、富有教养的人士会作为优秀的外交官受到交口称赞。他们从熟读成诵的《诗经》中选出适宜的诗句，在宴席上朗诵，象征性地说明他们的立场。春秋时期的文化就是飨宴的文化。

1　出自《左传·成公十三年》。

二　新文化的气息

西周文化的崩溃

　　到了战国时期，风习为之一变。这一时期，以周为总部的观念已经荡然无存，宗庙祭祀等传统信仰也完全消失了。虽然和春秋时期一样，列国仍然举行会盟，但会盟时露骨地声称各自拥有的权益。会盟既然已经失去了宗教上的意义，大家最重视的就是如何以各自的经济、军事实力为后盾，申明各自的利害得失。另外，在互相盟誓的时候，原本有喝血的习惯。到了战国时期，产生一种倾向，即盟誓时喝血的先后顺序成为大家最关心的，因为先喝的人地位更高。顺序完全由实力来决定，可以说战国时期是一个比拼实力的时代。

　　祭祀之后的宴会在战国时期也被取消了，会盟时进行的只有激烈的争论。春秋时期的宴会外交发生了巨大变化，成了实力外交。如此一来，由来、典故等传统的教养不再受到重视，反而是熟知各国的利害关系和目前的经济、军事情况的游说家、雄辩家很有市场，受到重用。苏秦[1]、张仪[2]等纵横家闪亮登场，准备好给历史舞台增光添彩。

如上所述，春秋和战国这两个时代在各个方面都有着很大的差异。西周祭政合一的传统在这两个时代呈现出阶段性的衰退，最终彻底崩溃，这是不容置疑的事实。前面也曾提到，一直到近年为止，身为儒家学者的历史学家都认为这种阶段性的崩溃是一种衰退和堕落，对其恶言相向。从中国传统的历史观来看，也许确实如此。但仔细调查一下历史事实就会发现，这种历史观其实犯了很大的错误。

首先，他们把西周看作中国历史上最好的王朝，这其实是他们被自己所制造的幻象迷惑了。

西周王朝本身没有确切的编年记录，其真相不是很清楚，所以历史学家脑中的西周只不过是根据不确切的史料构建的一个印象。中国的历史年代是从公元前841年，也就是周宣王[3]的时代开始才比较清楚的。《春秋》所记载公元前722年到公

1　? —前284年，战国时期纵横家，字季子，东周洛阳人。他先是奉燕昭王之命入齐，从事反间活动，使齐疲于对外战争，以便攻齐为燕复仇。齐湣王末年任齐相。后来又策划了五国合纵攻秦，迫使秦废帝号，归还部分魏赵地。齐乘机攻灭宋国。后燕将乐毅联合五国大举攻齐，其反间活动暴露，被车裂而死。

2　? —前310年（一说公元前309年），战国时期纵横家，魏国贵族的后代。主张连横策略以瓦解反秦联盟。公元前328年任秦相，帮助秦惠文君称王，游说各国服从秦国，瓦解齐楚联盟，夺取楚汉中地区。秦武王即位后，他入魏为相，不久死去。

3　姓姬名静。曾经北伐和南征异民族，重振周室声威，完成了中兴大业，在位46年。

元前481年的历史，其政治和文化的推移无法完全了解，但起始年代是可以确定的。通过这本书，我们可以模糊地知道以鲁国为首的、通常被称为十二列国[1]的春秋诸侯的情况。再往前，尽管有《诗经》《尚书》等典籍流传下来，不过缺乏编年记录，几乎无法弄清其历史。因此，要想从历史学的角度阐明所谓的西周文化，是极其困难的。西周的历史是史料上的黑暗时代。

向新国家制度过渡

春秋时期十二列国分立，不断进行国内战争，一直以来被当作乱世。从周王朝的立场来看，是其国威逐渐丧失的时代。不过，这些看法的视野有点过于狭窄。如果将视野扩大到所有的中国民族则会发现，在这个时代，商朝灭亡后散布在中国各地的周的殖民地城市群，一边同化着定居在河北平原各处的异民族，一边开拓着以前未曾开发的区域。

到了春秋时期的后半段，宗教观念逐渐消失，灭掉他国也没有什么太大的障碍了，于是小型城市国家接二连三地被吞并，最终产生了战国七雄。这七个国家已经不再是城市国家的联合体，而是在实质上具备了完整的统一国家、领土国家的性质。而且，在七国的统一过程中，诞生了中央集权式的系统，

---

1 鲁、齐、晋、秦、楚、宋、卫、郑、陈、蔡、吴、越。

即不让新征服的国家继续存在下去，而是派遣官吏去治理。这是简易的郡县制度，其萌芽可以追溯到春秋中期，成为完善的国家制度则是进入战国时期之后的事了。

周朝的封建制是一种不直接统治各个地方，而采取间接控制的政治制度。经过了春秋时期，旧的祭政合一这一城市国家的政治形式崩溃。到了战国时期，产生了郡县制度。看清楚了这一点，就会发现这个时代为后来的王朝国家的发展立下基础。这也是与过渡期相称的现象。

春秋战国的文化概观

下面我想从文化方面来看一下这两个时代的特色。西周的后半期，文化有了显著的发展，身为旧贵族的大地主衰弱，新诞生的是以工商业为中心的新兴贵族。这一倾向在接下来的春秋初期的小型城市国家群中也开始显现，据说走在前列的是郑[1]和卫[2]。郑国的商人阶层很有势力，卫国有势力的则是手工业者。这两个国家的音乐也随之改变，与儒家认定为正统的古典音乐相比，被鄙视为郑卫之音[3]的新式歌谣音乐大行其道。从这个意义上来说，创造并引领春秋初期文化的是离洛阳最近的

---

1 周朝国名，在今河南新郑一带，战国时为韩所灭。

2 周朝国名，在今河北南部与河南北部一带，后为秦所灭。

3 春秋战国时郑、卫两国的民间音乐。因不同于雅乐，曾被儒家斥为"乱世之音"。

郑、卫这两个城市国家，而支撑着这两国的是新兴的工商业者。进一步强化这种倾向的是东方的齐国[1]。因为山东省气候干燥，所以制盐业很发达，生产了大量的盐，直到今天也是如此。盐既是必需品，又是贵重品，因此制盐是一桩再好不过的生意。齐桓公[2]盯上了这点，再加上宰相管仲[3]的劝说，开始将制盐作为经济开发的一环，此外还着手制铁。

制铁在周朝初期也曾进行过，但直到春秋中期，主要的武器和工具还是以青铜制作。齐桓公最先兴办起了制铁业，主要用于农具，而不是武器。此前的农具除了将青铜用于镰刀、犁等，几乎都是木制的，与铁制的农具相比，差别很大。铁制农具的出现刺激了治水和灌溉技术，大规模的灌溉开始出现，再加上农具的改良，农业技术获得了飞跃式的发展。无须赘言，奠定其基础的正是勃兴的工商业者。到春秋时期为止，土地所有的形态与日本的庄园[4]类似，在地方上，农村共同体是中心，其间则是贵族领主所拥有的封闭式土地，这种生产体制的效率

1　周朝国名，在今山东北部与河北东南部。

2　?—前643年，春秋时期齐国国君，姓姜名小白。任管仲为相，尊周室，攘夷狄，九合诸侯，一匡天下，为春秋五霸之首。管仲亡后，怠于政事，宠幸佞臣，霸业遂衰。在位42年。

3　?—前645年，春秋初期齐国政治家，名夷吾，字仲。齐桓公即位后，被任命为相。在齐国改革内政，整顿军队，确立选拔人才制度，主张按土地好坏分等征税，使齐国力大振。又提出"尊王攘夷"的策略，终使齐桓公成就霸业。

4　存在于日本奈良时代（710—784年）到战国时代（1467—1600年前后）的土地私有形态，由中央贵族和寺庙、神社等占有土地。

肯定不会很高。进入战国时期之后，农业技术的进步导致领主所有的形态变成了地主所有，新兴地主不断进行土地改良，生产力也显著提高。王朝国家成立的基础是地主经济而不是领主经济，因此，战国时期打下的地主经济的基础，等于预告了后来王朝国家的诞生。

伴随着工商业的发达，人口众多的大城市不断出现。尤其是七国的首都，都成为了规模巨大的城市。据说齐国的都城临淄在全盛时期有7万户人家，仅成年男子就有21万人，总人口在50万人以上。一直到唐朝为止，规模超过它的大城市都很少。在大城市的出现方面，战国时期也达到了一个高峰。

城市国家的扩张

从地理上来看，从春秋到战国，通过开凿运河等，黄河流域的广大原野都变成了耕地，基本上已经被开拓完毕。中国的古代文化虽然最初发源于黄河流域，不过其成熟不是在西周，而是在深入开发黄河流域的春秋战国时代。随着黄河流域开发的进展，中国的势力逐渐向周围延伸，与异民族的对立也逐步加深。在北方，开始和以匈奴为首的居住在草原的骑马民族进行争斗，并逐渐将他们往北方赶，还筑起了长城，以阻挡他们不时的入侵。汉族的居住地以长城为北方边境线，也是在这一时期确定下来的。在南方，异民族没有入侵汉族的领地，因此，与北方不同，并非通过斗争来同化，而是在和平中推进开发和同化。长江中游的武汉地区、上游的四川省的一部分以及下游的江南地区的开发，也是在春秋末期到战国时期进行的。其先驱是在武汉一带确立了霸权的楚，以及在被称为中国粮仓的长江下游的三角洲地带建国的吴、越。虽然西周时期这些地方也建立起了殖民城市，但正式开始开发是在春秋时期，这些地区诞生了楚、吴、越这样的原住民城市国家。这些国家以被称为中国宝库的自然条件为背景扩张自己的势力，首先是楚国进入了中原，接着，越国灭了吴国，向北扩张领土，并迁都至山东省的琅琊，成为春秋时期最后的霸主。

如前所述，贵族制度在春秋时期已经瓦解，被官僚制所取代。那春秋战国时代的政治变迁又是如何呢？在春秋时期，贵族还掌握着政权，君主就像日本的天皇一样，是祭祀的主宰者，无法处理世俗的事务，因此，实权掌握在名为"卿"的大臣手上，他们是世袭的有权势的贵族。这些贵族在春秋初期出自与君主同姓之家，到了后半期，异姓贵族成为有权势者的情况越来越多了。

三 孔子的历史地位与诸子百家

决定历史方向的孔子

春秋末期，孔子生于鲁国，不过其先祖是从宋国[1]亡命到鲁国的贵族。孔子的父亲虽然身份低微，但异常勇猛，效力于鲁国贵族，是一名可以独自领兵的武将。当时，像孔子家这样的新兴家庭形成了一个阶层，专门做贵族的家臣。孔子虽然出身于这样一个阶层，但却崇拜周公，并试图复兴周公始创的周朝制度，拯救混乱的社会。因此他被看作站在某种复古立场上的革新主义者。他倾注了异样的热情，希望能够打倒鲁国专横的贵族，把实权夺回到君主手中，然后在君主手下建立民主社会，恢复古代城市国家的传统。但是，这项革新最后失败了。无奈之下，他只能寻求在别国实现自己的理想，于是离开鲁国，开始了漫长的流浪之旅，但也都失败了。幡然醒悟的他回

1　周朝国名，在今河南商丘一带。

国以后，决定将改革社会的梦想寄托在培育弟子这件事上，试图通过弟子之手去实现自己的梦想。于是，孔子开始讲学。

孔子的弟子基本都属于新兴的士阶层，孔子付出极大的努力学习了当时贵族阶级的教养书《诗》《书》等，也就是关于"礼"的学问，并试图使这种教养在新兴阶级的人格形成过程中发挥作用。身为其弟子的新兴士阶层不久之后成为各国君主的家臣，是战国七雄形成过程中不可或缺的力量。七国的君臣关系是一种私人间的主从关系，其中士阶层的人数很多，如果就那样发展下去的话，也许会演变为日本德川时代[1]那样的封建国家。孔子的弟子们分散到了各国，被各国的君主聘为老师或是最高官吏，获得了政治顾问的地位，因此他们的政治影响极大。可以说，孔子教育出来的弟子们，催生出不久之后出现的具备中央集权性质的新官僚群体。通过他们的努力，秦、汉等中央集权国家成为了官僚制国家，而不是封建制国家，同时也成为了文治国家，而不是以武力为中心的国家。换言之，他们决定了中国历史的方向。不过，孔子自己在教育弟子的时候不一定有这样的意图，只是在中央集权国家形成的过程中，孔子的思想被采纳了而已。

中国的文化遗产非常伟大。易姓革命导致了众多王朝的兴

---

[1]　又称江户时代。始于德川家康在江户（今东京）开创幕府的1603年，终于德川庆喜将大政奉还给天皇的1867年。因为掌握政权的是德川氏，故名德川时代。

亡，但孔子的思想学说却延绵不绝地传给了子孙和弟子们。直到现在，孔子家族都是中国的第一世家。不过，儒学的学说在孔子死后发生了一些变化。如果说孔子的学说是原始儒学的话，那么在接下来的战国时期，以其为母体，弟子们之间出现了不同观点，产生了分裂。

百家争鸣的时代

儒家文化首先被有贤君之称的魏文侯[1]引进至魏国。自此，儒家文化在这个中原文化国家盛极一时。文侯崇尚学术，是一位开明君主，招揽了孔子的高足子夏[2]为首的众多儒家学者。在他的身边，孔子一门或是成其老师，或是成其最高顾问。魏文侯按照儒家的理想来制定法典，建立起了新的集权国家的原型。

在魏国东边的齐国首都临淄，孔子学派的影响进一步提升。齐威王[3]和齐宣王[4]强力推进文化发展，在人口超过50万的

1　? —前396年，战国时魏国的开国君主，名斯。在位时礼贤下士，在战国七雄中首先实行变法，改革政治，奖励耕战，兴修水利。在位50年。

2　前507—? ，名卜商，子夏为字。春秋末晋国人，一说卫国人，孔子弟子，擅长文学。孔子殁后，子夏讲学于西河（济水、黄河间），魏文侯师事之。相传《诗》《春秋》等儒家经典是由他传授下来的。

3　? —前320年，田氏名因齐。在位时期，针对卿大夫专权、国力不强之弊，任用邹忌为相，田忌为将，孙膑为军师，进行政治改革，修明法制，选贤任能，赏罚分明，国力日强。他还礼贤重士，在国都临淄（今山东淄博东北）稷门外修建稷下学宫，广招天下贤士议政讲学，成为当时的学术文化中心。在位36年。

4　? —前301年，田氏名辟疆，齐威王之子。曾击魏救韩。另外还光大了稷下学宫，使其进入鼎盛时期。在位19年。

临淄城的稷门附近建起了宏伟的宅邸，从全国延揽学者居住，设立了一个文化区域。这群人被称为稷下学士。除了包括孟子在内的孔子学派诸人，还有道家、法家、名家等思想家。诸子百家的黄金时代开始大放异彩。

战国时期是一个可以最自由思索的时代；是一个思想家辈出，并各自开创独特思想的百家争鸣的时代。被称为诸子百家的这些思想家为什么会在战国时期同时涌现出来呢？

从公元前453年七国对立时起，到秦始皇统一天下，共约230年。这么长的一段时间里，国力不相上下的七个强国展开了竞争，这在中国历史上非常罕见。我认为战国七雄正是因为国内政治相当稳定，才得以持续争斗了两个半世纪。在分裂抗争的时代，富国强兵的对策是最优先考虑的。

白热化的人才争夺战

各国为了压制其他国家，竞相从各处招揽在政治、经济、军事、外交等方面出类拔萃的人才，并且不问国籍和出身。在这些人才的指导下，各国实施了大胆的制度改革，强化了政策和战略体制。这些强国的人才争夺战无比激烈。一旦无法获得人才，再强大的国家也有可能立刻转为劣势。

另一方面，学者和思想家们大胆提出各种独创性的改革方案。如果在一个国家没能被采纳，就去另外的国家。他们可以自由地周游列国，进行游说。战国时期与后世的统一国家不同，思想不统一，风气自由。在这种开放自由的背景下，各个领域都不断涌现具有独创性和风格各异的学问。中国的思想后来受到外来的佛教思想影响，发生了很大变化。而除了佛教思想，中国所有思想的原型都是在战国时期完成的。

百家争鸣产生的第三个原因是，以前在政治、文化上一直起主导作用的旧的贵族阶级没落了，以下克上的倾向愈演愈烈。有实力的人不问门第出身，凭借才干就能受到提拔重用。旧的身份制度完全崩溃。一旦阻碍社会进步的身份制度被废除，无论什么人，都有可能获得与自己的才能相应的地位。于是，绚烂多彩的学问思想呈现出百花齐放的态势。

秦始皇统一中国，接着又出现大汉帝国，战国时期九流百家的思想渐渐被统一为以儒学为中心的思想。但即使是思想统一之后，这些种类繁多的思想门派，仍旧是中国思想界的潜流，有着很深的影响。

无论是在中国思想史上，还是在文化基础的形成方面，这个时代都值得大书特书。孟子就是在这样的时代诞生，成长，并在各国寻找能让他大显身手的舞台。

孟子其人与思想

一 孟母三迁

　　《孟子》一书与《论语》并列为四书[1]之一，在日本也是认知度最广的儒学书籍。日本人都知道"孟母三迁"的故事，因为第二次世界大战前日本的国定教科书上有写。

　　孟子年幼时，家住在坟场旁边，他总是在坟场玩耍。孟母发现孟子会模仿挖墓和埋葬等动作，认为这不是一个适合养育孩子的环境，于是把家搬到了集市附近。这次，孟子又开始模仿商人卖东西。孟母看到之后，觉得这里也不好，再次搬到了学校旁边。结果孟子立刻开始模仿学校里的礼节规范，给神上供品，还学习主客之间互相谦让寒暄的礼仪。孟母认为这里才是真正适合养育孩子的地方，非常高兴。孟子长大后之所以能够成为大学者，其底子就是因为母亲热衷教育才打下的。

1　《论语》《大学》《中庸》《孟子》的合称。南宋理学家朱熹注《论语》，又从《礼记》中摘出《中庸》《大学》，分章断句，加以注释，配以《孟子》，题称《四书章句集注》，"四书"之名始立。元朝时规定科举考试必须在"四书"内出题，明清相沿不改。因此"四书"是元明清三代参加科举的士子的必读书。

　　这个故事在孟子去世约三个世纪后，首次出现在西汉末期的学者、以汉朝政府的图书馆馆长一职闻名的刘向[1]的著作《古列女传》中。该书是古代模范女性传记的汇编。距此百余年前的《史记》中则没有这个故事，因此不太确定它到底是什么时候出现的。孟子幼年生活困苦，父母籍籍无名。在母亲的激励下努力学习，这样的故事在《古列女传》中还有一个，就是"孟母断机"，又名"孟母断织"。

　　故事说的是，成长为青年的孟子为了寻找老师而去别国游学，但中途产生了厌烦情绪，回到了故乡。孟母正好在织布，见此便默默地拿刀把织了一半的布"嗤"的一声割断了。孟子吃惊地询问原因，于是孟母谆谆教导道："你中途放弃学问就像割断这块织了一半的布一样。这样就无法成为学者，只能为其他人跑腿了。我割断这块布，就是想让你明白这个道理。"结果，孟子发奋再次回归学业，终于成为一名大学者。

　　上面这两个故事的真实性无从考证。不过我们可以知道，在母亲的激励下忍受艰苦生活而发奋学习，这样的孟子形象在公元前后作为传说，在民间口口相承。

1　公元前77—前6年，字子政。校阅经传诸子诗赋等书籍，撰成《别录》一书，是中国最早的图书分类目录。

二 孟子的生涯

生卒年不详

孤高的一生

孟子的家乡邹国[1]邻近孔子的祖国鲁国，位于鲁国之南，是个小国。鲁国的国都——山东省西南部的曲阜，与邹国所在的邹城相距仅10公里左右。曲阜的位置是否与今天一致不太清楚，不过据推测，在孟子生活的战国时期，邹国的都城在如今邹城城外的东南方。即便如此，离曲阜也只有15公里左右。

邹国都城位于峄山南麓的要冲之地。峄山据说是秦始皇巡游东方时到过的名山。1936年8月，我和以前在东方文化研究所时的同事冢本善隆[2]君一起去山东旅行时，参观完曲阜之

1　即春秋时期的邾国。战国时鲁穆公改为邹，在今山东省邹城市东南。

2　1898—1980年，1926年毕业于京都帝国大学，1928年到中国留学，1949年任京都大学教授，1961年任京都国立博物馆馆长，1974年任日中友好佛教协会会长，1976年被选为日本学士院会员。主要研究中国佛教史。

后，坐火车沿津浦线[1]南下，曾在火车中远眺过此山。在我的印象中，这座屹立在山东省西南部泗水中游平原上的峄山，孤然耸立着，看上去似乎象征了在山麓出生和成长的孟子那孤高的一生。

孟子名轲，字子车，一字子舆。不过字不太确定。另外，他出生和去世的时间也不清楚。他的前辈孔子的生卒年月倒是清楚的，鲁国编年史《春秋》的注释书《谷梁传》上写着，孔子生于鲁襄公[2]二十一年（公元前552年）十月二十一，死于鲁哀公[3]十六年（公元前479年）夏四月十一。

然而，孟子的生卒年代则无法明确。司马迁的《史记·六国年表》的战国部分谬误很多，记述也不准确。西晋时，魏王墓中出土了战国时期魏国的编年史，是写在竹简上的，被称为《竹书纪年》[4]或《汲冢纪年》。但是宋代以后该书亡佚了，只剩下被其他书引用的佚文。因此这本编年史中有关战国时期的部分也没有原样保留下来，以至于后世的人很难通过孟子的事迹确切地知晓其生卒年代。

1　民国时期和新中国初期中国重要的南北铁路干线，北起天津，南至南京浦口，1912年建成通车。

2　公元前575—前542年，姓姬名午，春秋时期鲁国第22任君主，在位31年。

3　公元前521—前468年，姓姬名将，春秋时期鲁国第26任君主，在位27年。

4　编年体史书，叙夏、商、西周、春秋时晋国和战国时魏国史事，至魏襄王二十年（公元前299年）为止。宋代佚失，后王国维辑有《古本竹书纪年辑校》，是研究古代史的重要资料，并可校正《史记》所载战国史事年代的错误。

生卒年研究

孟子何时出生，何时去世，在他的著作《孟子》中也没有记载，只能根据该书来进行推测。关于其生卒年代，目前有很多种说法，但都不是定论。

战国思想史的研究者中，最有名的是钱穆[1]和罗根泽[2]。前者著有《孟子要略》[3]（民国二十二年，即1933年），后者著有传记《孟子评传》[4]（民国二十一年，即1932年）。关于孟子的生卒年代，二书只是列举了一个大概的时间，即公元前370年到公元前290年左右。关于孟子的年谱，自古以来也是众说纷纭。对战国时期的纪年进行了精密研究并著有大作《战国纪年》的清末学者林春溥[5]撰有《孟子时事年表》，他也大致推算出孟子的生卒年代为公元前372年到前289年。我写孟子的传记时，主要参考的就是林春溥的这份年表。公元正如前面所提到的那样，

1　1895—1990年，中国历史学家。字宾四，江苏无锡人。自学成才，历任燕京大学、北京大学、西南联合大学等校教授。1949年去香港，创办新亚书院，1967年移居台北。著有《国史大纲》《先秦诸子系年》等书。

2　1900—1960年，古典文学研究专家。字雨亭，直隶深县（今河北深州）人。毕业于清华研究院国学门和燕京大学国学研究所。历任河南大学、北京师范大学、中央大学、南京大学等校教授。在诸子学、中国文学批评史和中国文学史上具有突出贡献。著有《中国文学批评史》《诸子考索》等书

3　该书最初成书于民国十五年（1926年），在上海出版，原为钱穆在江苏省立第三师范学校任教之讲义。贝冢茂树所说的出版年份有误，可能是该书的另一个版本。

4　民国二十一年由商务印书馆出版，是国学小丛书的一种。民国二十二年再版，并更名为《孟子传论》。

5　1775—1862年，字立源，福建闽县（今福州）人。嘉庆年间进士。勤于研读经史，著有《古史纪年》《古史考年异同表》等书。

公元前370年到公元前290年左右这段时间相当于战国时期的中叶，具有独创性的诸子百家的思想家在此时层出不穷，是中国思想史上的黄金时代。

邹　　国

文公的英明决断

　　据说孟子在战国时期出生时，邹国位于离现在的邹城市以南20公里的纪王古城。1964年，中国科学院考古研究所曾派遣工作队调查过这里，调查报告刊登在《考古》杂志1965年第12期上。报告称，这座古城位于上文提到的峄山南麓。海拔550米高的的峄山下，如今还残留有周长1.5公里多、呈不规则矩形的城墙。鲁国编年史《左传》中有这样的记载：公元前488年，鲁国军队进攻邾国（春秋时期，"邹"也写成"邾"，鲁国旁边的小国），邾国人民放弃了都城，都躲到峄山里去了。

　　据北魏郦道元（？—527年）的《水经注》（卷二十五）记载，在邾国都城的北面，峄山的山岩高高耸立着，里面有长长的岩洞，战乱时可以逃到这里避难。其险要的样子与现今的纪王城一致，因此似乎可以认为这里就是邾国都城的遗址。

　　这里是邾国的远祖文公[1]在公元前614年的迁都之地。迁都

1　？—前614年，邾国第10任国君，在位52年，曾三次迁都。

前，文公用龟甲占卜，卜师报告说："对人民吉利，对君主不吉。"文公说："对人民吉利也就是君主自己的吉利。上天在地上生育了民众，并为他们设立了君主一职。人民幸福了，我自己也一定会有好处的。"臣下劝他说："还是暂缓迁都吧，这样的话您就一定会长寿了。"但是文公拒绝了臣下的建议，果断实行了迁都。结果不久之后他就病逝了。

多亏了文公的英明决断，一百二十六年过后，当鲁军围住邾国都城的时候，人民得以躲到峄山中避难。这个邾国的英雄故事大概是在邾国通过口头传承，然后随着鲁国的编年史被载入了《左传》。

邾国初期的历史

邾国初期的历史不太清楚。对《春秋》的简单记事加以补充和注释的除了《左传》之外，还有《公羊传》和《谷梁传》。在《谷梁传》的开头，对于《春秋》中鲁隐公[1]元年（前722年）三月"公及邾仪父盟于眛"这句话，做了如下的说明：仪父为字，为何不根据邾国国王本来的爵号称其为"邾子"呢？那是因为邾国上古历史不清，所以没有被周王朝授予爵位。春秋时期（公元前722—前481年）以前的邾国并没有留下可供参考的文

1 　?—前712年，姓姬名息姑。鲁国第14代国君，在位11年。

字史料，所以那一时期的史事都是靠口头传承的。《公羊传》《谷梁传》等《春秋》的注释也是通过口头传承的。

据《左传》记载，公元前614年邾文公把邾国都城从鲁国都城曲阜附近迁到现在的邹城市东南方的峄山南麓时，邾国国内曾出现过不同意见。用龟甲占卜后，卜师担忧迁都可能会给身为君主的邾文公带来不祥，但邾文公不顾卜师的担忧，强行实施了迁都，结果到了五月，文公就病逝了。在《左传》中，君子，也就是品德高尚的人盛赞邾文公，尽管预料到了自己的命运，但还是做出了决断。[1]

这里的"君子曰"云云不是事件发生当日的评论，也许只是《左传》的作者为了总结这个故事而附加的教训。

不过，我想请大家注意，卜师对邾文公解释占卜结果时说"利于民而不利于君"，文公回答道："利于民即利于我自己。如果对民有利，我也会沾光的。"臣下劝他说："为什么不延缓迁都呢？这样您的寿命就可以延长了。"文公又回答道："比起自己的寿命来，我要优先保证人民的利益。"

如前所述，春秋时期的邾国与鲁国相邻。春秋初年的鲁隐公元年（公元前722年），隐公与邾国君主缔结了盟约，加强了两国的友好关系，这表明隐公很重视与邾国的睦邻友好关系。

---

1 见《左传·文公十三年》，原文为："君子曰：'知命。'"

尽管如此，两国此后却反复多次争战。

游说诸国

稷下修学

《孟子》一书主要记录了孟子晚年应梁惠王[1]之邀，再到齐、滕[2]等国，作为政治思想家的言行轨迹，以及最后返回故土邹国教育弟子的退隐生活。关于孟子的前半生，我们完全不了解。在《孟子》中，孟子已然是作为一名成熟的思想家出现的。他是如何发展出这些思想的，因其前半生的学习经历无从得知，也就没有答案了。孟子在杨朱[3]、墨子[4]等异端思想家面前坚守儒家正统，毫不退让，是一位好战的雄辩家。在相对保守而安静的邹、鲁度过青年时期的孟子，是如何变成雄辩家的，也只能

---

1 公元前400—前319年，即战国时期的魏惠王。魏文侯之孙，在位50年。在位期间将魏国都城从安邑（今山西夏县西北）迁至大梁（今河南开封），此后魏国亦称梁国。孟子曾对他说以仁义之道，但未受重用。

2 周代诸侯国名，在今山东省滕州市一带。战国初期为越所灭，不久复国，后为宋所灭。

3 战国初哲学家。先秦古书中又称他为杨子、阳子居或阳生。魏国人。相传他反对墨子的"兼爱"和儒家的伦理思想，主张"贵生""重己"，重视个人生命的保存，反对别人对自己的侵夺，也反对侵夺别人。其思想在战国初期颇为流行。孟子说他"拔一毛而利天下，不为也"，抨击他的"为我"思想。他没有留下著作。关于他的史料，散见于《孟子》《庄子》《韩非子》《吕氏春秋》等书中。

4 约公元前468—前376年，春秋战国之际思想家、政治家，墨家的创始人。名翟。相传原为宋国人，后长期住在鲁国。曾学习儒术，因不满其繁琐的"礼"，另立新说，收徒讲学，成为儒家的主要反对派。主张"兼爱"，即天下人应相爱互利，不应有亲疏贵贱之别。思想上有唯物主义倾向，但也有宗教迷信成分。墨子学说在当时思想界影响很大。著作编入《墨子》，现存53篇。

完全依靠想象了。

离孟子成长的邹、鲁很近，同时又最具文化影响力的是齐国都城临淄的稷下思想家团体。齐国是当时的霸主，支持稷下思想家的齐威王又是开明君主。具有强烈的感受力、满腔热忱地想要挽救时代于堕落的青年孟子，肯定无法老老实实地待在祖国的安静环境中。离开故乡进入齐国，在临淄冒头是迟早的事。

稷门是临淄的城门之一，旁边建有一批住宅，供来自四方的学者和思想家居住。有名的思想家由政府保障其生活。他们会聚集到广场上展开自由的讨论。可以说"百家争鸣"这个词最贴切地表现出了稷下的学术氛围。

有种说法是，孟子从公元前325年左右到公元前320年左右，曾经身处临淄的学术团体中。不过，那时的孟子只是默默无闻的乡村学者，没可能作为"稷下学士"受到齐国政府的高级礼遇。不过，他与稷下的各色学者接触后，肯定受到了思想家前辈的各种启蒙。

孟子在稷下深受自由辩论的方式影响。稷下学宫处于领袖地位的是淳于髡[1]。他出身是个卑贱的奴隶，身长不满五尺，相貌古怪，但却博闻强记，常会观察君主和大臣的脸色，然后发表出人意料的言论，是一位天才的雄辩家。尤其是他那巧妙的

---

1 战国时齐人，滑稽善辩，常为齐出使各诸侯国，未尝辱命。曾以隐语讽谏齐威王，罢长夜之饮，改革内政。

比喻，总是让辩论对手大吃一惊。孟子的辩论也主要由巧妙的比喻构成，这种雄辩术大概主要是从淳于髡那里学来的。

另外，以孔子的弟子子贡[1]为师的齐国儒家的一派，即齐学，对孟子的思想影响最大。特别是齐学有关《春秋》一书的解释学。《春秋》是孔子晚年对鲁国的编年史加以修订而成的书，对时代进行了讽刺和审判，并预言了将要到来的社会。孟子的前辈公明高[2]是这种解释学的一个派别——公羊学派的鼻祖。据说孟子曾经跟着公明高学习过公羊学，他借此培育了丰富的史学素养，发展出了独特的历史哲学。

异端思想的影响

孟子还受到了儒学以外的所谓异端思想的很大影响。当时，宋钘[3]、尹文[4]等很多属于原始道家的思想家来到稷下，他们的思

---

1 公元前520—？，春秋末卫国人，姓端木名赐，字子贡。孔子学生，善于辞令。经商曹、鲁间，富至千金。并参与政治活动，历仕鲁、卫。曾游说齐、吴等国，促使吴伐齐救鲁。

2 即公羊高，战国时齐国人，相传为子夏弟子。作《春秋传》，世称《春秋公羊传》。

3 即宋轻、宋荣、宋荣子。战国时期著名哲学家，宋国人。孟子、庄子都很敬重他，称他为先生或宋子。其思想接近墨家，主张"崇俭""非斗"，试图从思想上消除人与人之间的矛盾，并同尹文一起反对诸侯间的兼并战争。著有《宋子》一书，现已失传。

4 约公元前360—前280年，战国时期著名哲学家，《庄子·天下》将其与宋钘并称，《汉书·艺文志》将其列入名家。著有《尹文子》一书，现存上下两篇，为后人袭录、增删尹文残文而成。

想通过后来在齐国编纂的《管子》[1]中的《心术》《内业》《白心》
等篇目一直保存到现在。宋尹学派的特点是，在隐遁、出世这
方面与道家一致，但另一方面，在为天下谋利的目的观上却与
墨家的实用主义一致。因此，与主张养浩然之气，即让心灵保
持清净、空旷以便养气的孟子的观点近似。实际上，孟子的养
浩然之气的学说是他在鲁国学到的子思[2]学派的"天下归于诚"
的学说，和在齐国学到的宋尹学派的"内心说"调和而成的。
在孟子身上能明显地看出宋、尹的原始道家的形而上学体系的
影响。

　　在稷下，思想万花筒的中心是当时占主导地位的墨子的
实用主义、杨朱的基于感觉论的个人主义等。在这种思想界的
混沌中，年轻的孟子有过迷惘，但最终他还是坚信，自己的使
命在于将杨朱、墨子的思想作为异端加以排斥，而将孔子、曾
子[3]、子思一脉相传的仁义之道作为正统加以捍卫。于是，当他听
说梁惠王正在招募贤者之后，就赶紧从故乡邹、鲁奔赴大梁。

1　战国时齐国的稷下学者托名管仲所作，共24卷。原有86篇，今存76篇。内容
庞杂，包含有道、名、法等家的思想以及天文、历数、舆地、经济和农业等知识，
是研究我国先秦学术文化思想的重要典籍。
2　公元前483—前402年，战国初哲学家。姓孔名伋，孔子之孙。他把儒家的道
德观念"诚"说成是世界的本原，以"中庸"为其学说的核心。后被尊为"述圣"。
现存《礼记》中的《中庸》等篇相传是他所作。
3　公元前505—前436年，春秋末鲁国人。名参，字子舆，孔子学生，儒家学派
的重要代表人物。以孝著称。提出"吾日三省吾身"的修养方法。相传《大学》
为他所著。后被尊为"宗圣"。

政治野心

走上政治舞台

在东方的鲁国修习了儒学，与齐国的稷下学者为伍，大长了见识，却仍旧无名的孟子，第一次登上了政治舞台。为了避开秦国东进的威胁而迁都至中原的大梁（今河南省开封附近）的魏惠王，将国名也改为梁，他自己开始被称为梁惠王。

公元前320年前后，孟子出现在了这位惠王身边。《孟子·梁惠王章句上》的开头就是孟子首次谒见惠王时的对话。梁惠王首先问孟子：

"叟不远千里而来，亦将有以利吾国乎？"（《梁惠王章句上》第一章）

梁国在与齐国的马陵之战[1]中败北并被夺走了霸权，同时又战战兢兢于秦国的东侵。惠王满怀期待地问道："老先生不辞辛苦，从东方千里迢迢地来到中原的梁国，想必有妙计可以拯救梁国的危机吧？"

---

1 战国前期齐国大败魏国的战役。公元前342年，魏攻韩，韩向齐求救，齐以田忌为将，孙膑为军师，起兵攻魏。次年齐用孙膑计，以逐日减灶制造齐军大量逃亡的假象，迷惑敌人，诱其追击。待魏军追到马陵（今河南范县西南，一说今河北大名东南）的险要地区，齐军万弩齐发，全歼魏军十万，魏将庞涓被迫自杀，魏太子申也被俘杀，从此魏的国势衰落。

对此，孟子回答道：

"王何必曰利？亦有仁义而已矣。"（同上）

他说："大王，我不是来告诉您什么可以给贵国带来利益的，只是来向贵国推荐仁义道德的，这是维持国家社会的基础。"

如前所述，主导当时时代思想的杨朱、墨子谋求的是带有实用主义色彩的"利"，而孟子坚决反对"利"。他来梁国是为了提倡道德主义。道德主义是以已被忘却的儒学的仁义为基础的，这是我的解释。面对墨子的实用主义、杨朱的以感觉论为基础的个人主义之类的异端思想，孟子相信自己的使命是用孔子提倡的道德主义来捍卫政治的正统。当他登上政治舞台的时候，首先明确了自己的思想立场。

惠王认可了孟子的说法，但惠王不久就去世了，梁国的国力也日渐衰退，于是孟子放弃了梁国，再次回到了靠近祖国邹国和鲁国的东方大国齐国。这大概是因为他听到传闻说，齐宣王继齐威王之后登上了王位（公元前319年），扩充完善了稷下学宫，正在罗致学者，听取他们的意见，试图实行新政。

野心受挫

孟子首次谒见齐宣王时，宣王开口问他：

"齐桓、晋文之事可得闻乎？"（《梁惠王章句上》第七章）

宣王的目的是，向精通《春秋》之学的孟子询问霸主的代表人物齐桓公、晋文公[1]的政治手段，以此为参考来树立新政。对此，孟子回答道：

"仲尼之徒无道桓文之事者，是以后世无传焉，臣未之闻也。无以，则王乎？"（同上）

孟子说："我们孔门弟子看不起齐桓公、晋文公那种靠实力来施行政治的，所以没法说。不过如果您咨询我以道德为基础的王道的政策，也就是仁政，我倒是可以答复您。"接着他对王道的原理进行了说明。贤明君主宣王认可了这一套被梁国认为不切实际而遭抛弃的仁政价值。他尊孟子为师，并将孟子作为国政的最高顾问加以重用。

志得意满的孟子巧妙地激发起宣王实施仁政的意愿之时，以齐国为中心的国际关系发生了显著的变化。魏、赵、韩、楚、

1　公元前697（一说公元前671）—前628年，春秋时期晋国国君，名重耳。晋献公之子。因献公立幼子为太子，他流亡在外19年，后由秦国送回。即位后整顿内政，增强军队，使国力强盛。公元前632年亲自率军在城濮(今山东鄄城西南)大败楚军，又大会诸侯于践土(今河南原阳西南)，成为霸主。

燕五国联手进攻西面的秦国[1]，结果失败。燕国发生了大规模内乱，一时间无法收拾。

燕国内乱的消息很快传到齐国。由于当时各国势力都有所削弱，假如齐国出兵占取燕国，应该不会有人干涉。宣王问了群臣的意见，作为最高顾问而受信任的孟子应该也被问到。根据《战国策》的说法，当时的孟子认为这是一个称王天下的绝好机会，于是劝宣王不失时机地出兵。孟子是否真这么劝的，多少有点存疑，但可以肯定的是，他对出兵政策没有从正面加以反对。

然而，当齐国征服燕国之后，齐国占领军的掠夺行为接二连三地发生，引发燕国民众的激烈反抗，以至于国际舆论也强硬了起来，各国开始策划联合征伐齐国。当初齐宣王询问有关占领政策时，孟子说，如果燕国民众支持齐军的话，就继续占领下去。当孟子得知周边形势恶化之后，就劝宣王把掠夺来的宝物返还给燕国，让燕国王子即位，早日撤军。但宣王没能听从这一劝告，结果遭遇了燕国民众的强力反抗，齐军溃败。

曾经深得齐宣王信任的孟子原本暗暗抱有一种野心，即让齐国一统天下，于是可以在天下实施理想中的仁政。此次事件对他是个莫大的打击。不久，他和宣王之间产生了矛盾，最

1　公元前318年，五国共击秦于函谷关。

终离开齐国，到了宋国，随后又回到了故乡邹国，开始了退隐生活。

晚　年

在滕国建设理想国家的梦想

孟子回到故乡一段时间后，被邻近的小国滕国的文公聘为国政顾问。先前他离开齐国逗留宋国的时候，曾经与滕国太子见过面。当时滕太子出使楚国后回国，正好经过宋国。太子的父亲滕定公去世后，太子成为了滕文公。滕文公在宋国时与孟子有过比较密切的接触，并深受其感动，于是派人去迎接令他难以忘怀的孟子。

年迈的孟子又恢复了活力。在强大的齐国，他曾试图让齐宣王施行仁政而一统天下，结果失败了。滕国虽是小国，正因为小，反而可以彻底实施仁政这一理想。孟子的想法是，先把小小的滕国建设成一个理想的王国，使其成为王国的典范，然后再让天下的大国来效仿它。

孟子对滕文公咨询的答复热情越来越高。他试图重建农村共同体，让井田制这种古代共同耕作制度复活，并以此为基础将滕国建设成理想国家。为此，他提出了各种各样的政策建议，将自己最后的梦想寄托在这个小国身上。他提出的井田制在战国时期的社会没能实现，但是将农田平等地分配给农民这一思想，对后世中国的政治思想家们影响很大。汉代限制大规模土地私有的限田制，北魏、隋、唐的均田制都受其影响。孟子的梦想在后来的中国历史中实现了。

在故国度过生命中的最后时光

大学者孟子在滕国尝试建设新型国家的消息传播到了四面八方。农家的许行等众多学者都聚集到滕国，与孟子展开了激烈的争论。但是，不久之后孟子就回到了故乡，在生命的最后时光，他回答了公孙丑、万章等弟子提出的问题，对他提出的人性本善的性善说的宗旨加以说明。孟子就在这种安静的氛围中结束了波澜壮阔的一生。但正如上文提到的那样，他的卒年无人知晓。

三　孟子的性善说

遵从理性

孟子的学说中最有名的是主张人性本善的性善说。对于性善说，告子等学者有过争论，争论的内容记载在了《孟子·告子章句上》。

　　我之所以说人都有对别人的悲苦感到同情的心，其道理就在于：假设现在有人看到一个走路摇摇晃晃的孩子将要跌到井里去了，不管这个人是谁，都会感到惊慌和难以忍受，一定会跑过去救孩子。这不是别有用心地为了和孩子的父母套近乎，也不是为了在乡亲和朋友之间博得救人一命的名誉和好评，也不是因为如果不去救孩子就会背上冷酷无情的恶名。从这点来考虑，没有不忍之心的人就不是人，没有羞耻之心的人也不是人，没有谦让之心的人也不是人，没有以是为是、以非为非的是非之心的人也不是人。这种不忍之心是仁的发端，羞耻之心是义的发端，谦让之心是礼的发端，是非之心是智的发端。人具有这四种发端就好比人有四肢一样。拥有这四种发端却无法实行仁义礼智的人，是杀害自己君主的人[1]。只要是身上具备这四种发端的人，无论是谁都可以将其加以扩展和充实。就像刚开始燃烧的火和刚从源泉里流出来的水一样，只要加以扩充，完全可以统治整个世界。但如果无法加以扩充，则连服侍父母都不行[2]。（《公孙丑章句上》）

上面这段话是关于性善说的陈述，认为所有人的人性本善。对此，墨子学派的告子提出了反对。

人的本性既不是善，也不是恶。有人说："人的本性可以做善事，也可以做恶事。所以，当周文王、周武王出现的时候，人民喜欢善；而当周幽王[3]、周厉王[4]出现的时

---

1 这句话原文为："有是四端而自谓不能者，自贼者也；谓其君不能者，贼其君者也。"这里作者的译文可能漏了"自贼者也；谓其君不能者"。——编者注

2 这段是作者对于原文的释读。原文见本书第113页。——编者注

3 ？—前771年，西周第12任君主，姓姬，名宫湦。公元前781—前771年在位。残酷地剥削人民，使他们流离失所。因宠爱褒姒，立其子为太子，废掉申后和原来的太子。申侯联合犬戎等攻周，幽王被杀于骊山下，西周灭亡。

4 ？—前828年，西周第10位君主，姓姬，名胡。他命令卫巫监视"国人"，杀死议论他的人，引起反抗。公元前841年，"国人"发难，他逃到彘（今山西霍县），14年后死于彘。

候，人民喜欢暴虐。"也有人说："既有本性善良的人，也有本性凶恶的人。所以当尧那样的圣人当君主时，臣子中间也会有象[1]这样的人；瞽瞍[2]那样的父亲也会生出舜这样的圣人；虽然有纣王那样残暴的兄弟和君主，却出现了微子启[3]、王子比干[4]。"[5]（《告子章句上》）

对于告子的上述反驳，就连善辩的孟子似乎也有点为难了。孟子的答辩有些情绪化，逻辑上有很多跳跃的地方；客观地说，很多地方都构不成反驳。

孟子的性善论受到杨朱的基于感觉论的唯物论影响，也是从感觉的普遍合理性出发来论证思维的合理性。正如侯外庐[6]所说的那样，孟子区分了感性和理性，认为恶的根源在于感性，所以要抑制它；而善的根源在于理性，应该加以伸张。只要遵

1　舜的同父异母的弟弟。对舜不满，与其父母多次想找机会杀害舜，但舜却一直孝顺地侍奉他们。

2　也作瞽叟，舜和象的父亲，因为他有眼睛而不能分别好坏，所以人们称其为瞽瞍。

3　周代宋国的始祖，商纣的庶兄。姓子，名启，封于微（今山东梁山西北）。因见商朝将亡，数次向纣王进谏，纣王不听，遂出走。周武王灭商时，他向周乞降。后来周公旦封他于商丘周围地区，国号宋。

4　商代贵族，纣王的叔父，官少师。相传因屡次劝谏纣王，被剖心而死。

5　这段是作者对于原文的释读。原文见本书218页。——编者注

6　1903—1987年，中国历史学家、思想家、教育家。山西平遥人。曾任中国社科院历史研究所所长。从20世纪30年代起，应用马克思主义的理论和方法研究中国历史，在社会史、思想史领域做了大量开拓性研究工作。与他人合著的多卷本《中国思想通史》在学术界影响很大。

从排除感性干扰的理性，人就会自然而然地变得善良。这就是孟子的主张。

养浩然之气

孟子的性善论主张，与孟子的为人不太一致。以大丈夫自居的孟子承认，为了顶住外界压力，将自己的意见坚持到底，需要有坚强的意志力。扩充人的善的本性，不是自然而然就能做到的，需要有超常的意志力。为了达到性善，孟子认为重要的是蓄养精神，不被外物吸引，做到"寡欲"（《尽心章句下》）。另外他还认为，为了让精神安定，必须养浩然之气。从这点看，孟子不能算理性主义者，意志主义者和道德家才是他的本质吧。因此，性善说的哲学是一种朴素的主张，没有太大的说服力。

但是，孟子的性善论在理论上虽然没有超出常识论的范围，但对后世儒家的影响是深远的。人性本善这一信念不仅是儒家，而且是中国的人性论的基调，在现代仍有影响。在日本，随着德川时代以来人们对《孟子》的学习，性善论在现代日本的人性论中也具有强大的生命力。

《孟子》这部著作

凡　例

一　本书从《孟子》七篇十四卷中抽出我认为对理解孟子的人和思想来说不可或缺的部分，开头的汉字数字表示章数。

二　《孟子》的注释书在中国和日本数量众多，我以赵岐[1]注《孟子》为主要文本。关于翻译，则以后藤[2]标点的朱子的《孟子集注》为主，并参考了竹内义雄、小林胜人译注的《孟子》(岩波文库)和金谷治的《孟子》(朝日新闻社)。[3]

三　原文略去。在我觉得有必要的地方加了简单的注、解说和标题。

1　约108—201年，东汉经学家，京兆长陵(今陕西咸阳东北)人。撰有《孟子章句》，今存，收入《十三经注疏》中。
2　后藤芝山（1721—1782年），日本江户中期儒学家，对四书五经的训点被称为"后藤点"。著有《元明史略》等。——编者注
3　本书《孟子》原文点校底本综合参考了朱熹《四书章句集注》、焦循《孟子正义》、杨伯峻《孟子译注》及本书作者采用的点校底本。——编者注

著作解题

成书时间

在稷下学宫涌动的各种思潮中，代表儒学的是孟子。他被后世奉作与圣人孔子并列的贤者，并称为"孔孟"。其著述《孟子》与孔子的《论语》、子思的《中庸》《大学》一起被列为四书。重新评价孟子的思想，将其地位提高到仅次于圣人的贤者，是由唐代文学家韩愈（768—824年）所为。

关于《孟子》的成书时间，汉代的注释家赵岐曾经说过，这是孟子晚年从政界隐退之后，与弟子公孙丑、万章等人时而对话和讨论，时而单方面陈述己见，然后编撰而成。但是，思想家主动将自己的意见写成书并公之于众——这一习惯在公元前三四世纪的中国尚不存在。在那个时代，纸还没有发明出来，人们甚至不知道布帛上还可以写字。当时的书是用漆在竹简上写就，然后再用绳子将竹简串起来，变成书卷。这种竹简书卷制作起来非常费事，主要用于政府的正式文书，只有政府的记录处和贵族会用它，几乎没有普及到民间。因此孟子不太可能将自己的意见和对话一一写在这种昂贵的竹简上。孟子自己的话以及他和弟子的对话，应该是听过这些话的弟子们在孟子死后聚集到一起，根据各自的记忆写在竹简上的。这才是《孟子》一书的缘起。

既然《孟子》一书不是孟子自己写的，而是弟子们凭记忆写的，那么姑且不谈孟子晚年的述怀，原则上来说，书的主体部分应该是孟子变得有名，有弟子开始随侍其左右之后，发生的对话。因此，前半生默默无闻的孟子说过什么，在《孟子》一书中完全没有出现过，这就不奇怪，反倒可以说是理所当然的。

构成与内容概要

《孟子》一书由七篇十四卷构成。从其成书过程来看，第一卷《梁惠王章句上》的第一章是孟子第一次谒见梁惠王时，针对实利主义诉求提倡仁义之道的对话。之所以这么安排，是因为这段对话是弟子们直接聆听和记住的孟子的话中，从时间上来说最早的。可以认为，从第一、二卷的《梁惠王章句上·下》，第三、四卷的《公孙丑章句上·下》到第五、六卷的《滕文公章句上·下》，是以弟子们所知的孟子后半生的生平为基础，基本上按照时间顺序，对记忆中的孟子的言语和对话加以排列的结果，偶尔也有些例外。

与此相对，后半部分的第七、八卷《离娄章句上·下》，第九、十卷的《万章章句上·下》，第十一、十二卷的《告子章句上·下》，第十三、十四卷的《尽心章句上·下》中的对话，则不清楚是什么时候进行的，编纂得比较杂乱。

第一卷　梁惠王章句上

汉代赵岐的《孟子》注解本由七篇构成，各篇又分为上、下两卷，共计十四卷。基本都是用篇首的语句作为篇名，这点和《论语》相同。

第一卷共有七章，本书略去第二章，对其余六章加以讲解。

第一章孟子首次谒见梁惠王时的对话，是值得纪念的一个场面。年届五十的孟子开始进入政治世界了。在这章中，面对当时占主流的墨子的实用主义政治哲学，孟子提倡的是以道德为根本的理想主义政治哲学，要求施政者具备很高的伦理素质。但是，年老的梁惠王对于长期的治世已经觉得疲倦，又被齐国夺去了霸权，还得防备秦国的东进，因此没能有勇气采纳孟子提倡的新政策。

两三年之后，惠王去世，平庸的襄王继承了王位。于是孟子离开襄王，投靠了从梁国手中夺去霸权的齐宣王。通过问答，孟子逐渐让年轻的宣王对王道政治越来越感兴趣。他那雄辩的技巧真是精彩绝伦。他论证了宣王所憧憬的齐桓公、晋文公那种靠实力成为霸主的梦想缘何不可能实现。作为替代方案，他提出了王道政治。这个部分可以说是贯穿《孟子》全书的主题，非常重要。

仁义之德

【一】

孟子见梁惠王①。王曰："叟②不远千里而来，亦将有以利吾国乎？"孟子对曰："王何必曰利？亦有仁义而已矣。王曰：'何以利吾国？'大夫曰：'何以利吾家？'士庶人曰：'何以利吾身？'上下交征③利而国危矣。万乘之国弑④其君者，必千乘之家；千乘之国弑其君者，必百乘之家。万取千焉，千取百焉，不为不多矣。苟为后义而先利，不夺不餍⑤。未有仁而遗其亲者也，未有义而后其君者也。王亦曰仁义而已矣，何必曰利？"

【注释】

① 魏惠王，名罃。魏国的都城原本在安邑（今山西省西南部的夏县）。惠王九年（公元前361年）迁都到了大梁（今河南省开封县¹），因此魏国此后被称为梁国。梁国是战国七雄之一。关于

1　本书作者完成此书是在1985年。今天，开封县已更名为祥符区，属河南省开封市的一个下辖区。——编者注

惠王的年代，《史记》的记载有误，笔者根据《竹书纪年》进行了改订。惠王于公元前369年即位；公元前334年，与齐威王缔结了协定，互相称对方为王，并改年号为后元元年；公元前319年（后元十六年）去世，在位共50年。关于梁惠王的在位年代，有多种说法，这里采用了杨宽[1]的《战国史》和陈梦家[2]的《六国纪年》中的说法。据推测，孟子访问梁国并谒见惠王是在惠王的晚年，即后元十五年（公元前320年）。

② 五十岁以上的老人的尊称。普通称呼是"艾"。

③ 得到、取得。原义为收税。

④ 臣杀君，子杀父。

⑤ 满足。"餍"同"厌"。

【译文】

孟子拜谒了梁惠王。

惠王说："老先生，您不远千里来到这里，想必会给我的国家带来利益吧？"

孟子恭敬地回答道："大王，您为什么要把利益放在嘴边呢？

---

1 1914—2005年，上海人，主要从事先秦史的研究，曾任复旦大学历史系教授。主要著作有《西周史》《战国史》等。

2 1911—1966年，浙江上虞人，中国考古学家和古文字学家。早年是新月派诗人，后转治古文字和古史。曾任西南联合大学、清华大学教授，中科院考古研究所研究员等职，主要著作有《殷墟卜辞综述》《西周铜器断代》《尚书通论》等。

我认为您只要关心仁义就可以了。假设现在大王说：'怎样才能对我的国家有好处？'大夫（相当于日本的家老[1]）说：'怎样才能对我家有好处？'官吏和庶民们说：'怎样才能对我个人有好处？'像这样上上下下都肆意追求利益的话，国家就会陷入危机。在拥有一万辆战车的国家，如果有人能杀掉君主的话，那一定是拥有一千辆战车的大夫。在拥有一千辆战车的国家，如果有人能杀掉君主的话，那一定是拥有一百辆战车的大夫。作为臣下，从君主的一万辆中得到十分之一的一千辆，从一千辆中得到十分之一的一百辆，这绝不算少了。但是，如果不重视义，而把利放在第一位的话，不把君主的财产全部夺走就不会满足。我没见过社会上施行仁却有人遗弃父母的，也没有见过施行义却有人不重视君主的。大王您只要关心仁义就行了，为什么要把利益挂在嘴边呢？"

【解说】

　　孟子谒见梁惠王的年代到底在何时？这在学者间是有争议的。年届五十的孟子听说败给秦国之后东迁的惠王为了复兴国家，正在招募四方贤达，于是兴致勃勃地想要成为其顾问，从故乡山东不辞路远地来到了大梁。当时中国的政治形势是：一度进入中原并手握霸权的江南的越国已经衰落，从山西进入黄

1　日本诸侯的家臣中地位最高的人。

河中游的中原地区的魏国实力渐增，有取而代之之势。能够和魏国抗衡的是以东方的山东地区为据点的齐国，但是齐国与中原的往来不多，在文化方面好像也没有直接的交流。孟子之所以造访魏国，恐怕是对得不到山东政治界的重用而感到绝望吧。在当时的思想界，墨子红极一时。墨子主张"仁人之所以为事者，必兴天下之利，除去天下之害"（《墨子·兼爱中》）。惠王面对孟子，开口就问"亦将有以利吾国乎"，这是站在当时占主导地位的思想——墨子的实用主义立场上说出的话。对此，孟子的回答是：应该施行的不是墨子的实用主义政治，而是孔子流派的以仁义为基础的道德主义政治。

孟子在这之前应该对墨子的学说进行过深入的研究，并确信实用主义是无法拯救中国的现状的。所以他挺起胸膛，坦然提倡道德主义政治。

这段与梁惠王的对话是孟子首次在公开场合围绕道德主义的儒学政治理想进行的辩论，具有划时代的意义。《孟子》一书将这段对话放在第一章，一定是因为孟子发出的这第一声在弟子们脑中留下了鲜明的记忆。

五十步笑百步
【三】

　　梁惠王曰："寡人①之于国也，尽心焉耳矣。河内②凶，则移其民于河东，移其粟于河内。河东③凶亦然。察邻国之政，无如寡人之用心者。邻国之民不加少，寡人之民不加多，何也？"孟子对曰："王好战，请以战喻。填然④鼓之，兵刃⑤既接，弃甲曳兵而走。或百步而后止，或五十步而后止。以五十步笑百步，则何如？"曰："不可，直不百步耳，是亦走也。"曰："王如知此，则无望民之多于邻国也。不违农时，谷不可胜⑥食也；数罟⑦不入洿池⑧，<u>鱼鳖</u>不可胜食也；斧斤以时入山林，材木不可胜用也。谷与<u>鱼鳖</u>不可胜食，材木不可胜用，是使民养生丧死无憾也。养生丧死无憾，王道之始也。五亩之宅，树之以桑，五十者可以衣帛矣；鸡豚狗彘⑨之畜，无失其时，七十者可以食肉矣；百亩之田，勿夺其时，数口之家可以无饥矣；谨庠序⑩之教，申⑪之以孝悌之义，颁白者不负戴于道路矣。七十者衣帛食肉，黎民不饥不寒，然而不王者，未之有也。狗彘食人食而不知检，涂有饿莩⑫而不知发；人死，则曰：'非我也，岁也。'是何异于刺人而杀之，曰：'非我也，兵也。'王无罪岁，斯天下之民至焉。"

【注释】

① 中国古代的诸侯对人民使用的自称之词。谦称自己是孤独而又不幸的人。

② 河南省黄河以北，特别是济源县一带的地区。

③ 山西省西南角，被从北向南拐弯的黄河包围的地区。以安

邑县为中心，汾西、隰县以南、安泽、沁水县以西的地区。

④ 鼓声。

⑤ 武器。

⑥ 全部、都。

⑦ 网眼细密的网。古代的渔网网眼禁止小于当时的四寸（92
毫米），以便保存鱼苗。

⑧ 大池塘，池沼。

⑨ "豚"是小猪，"彘"是大猪。食用时只吃大猪。小猪只用
于祭祀。

⑩ 农村的私塾。商代称为"庠"，周代称为"序"。

⑪ 同"反复"。

⑫ 饿死的人。

【译文】

梁惠王问道："我自认为对国家已经尽心竭力了。如果河
内地区发生饥荒，我就让那里的人民移居到河东地区，并把河
东地区的粮食运输到河内地区。如果河东地区发生饥荒，我就
反过来做。我看了一下邻国的政治，没有像我这么考虑周到的。
但是，邻国的人民一点也没有减少，我国的人民一点也没有增
加，这是为什么呢？"

孟子恭敬地回答道："大王好像很喜欢战争，那我就用战

争来举例吧。咚咚地擂响战鼓，战幕拉开了。有些人丢盔弃甲，拖着刀枪逃跑。有个家伙跑了一百步之后停了下来，另一个家伙跑了五十步之后停了下来，跑了五十步的家伙嘲笑跑了一百步的家伙，您觉得如何？"

大王说："这不合理。虽然没有跑到一百步，但是跑五十步也同样是逃跑啊。"

孟子说："没错。我想，大王如果明白了这个道理，就不要指望您的人民比邻国多了。您在征用人民参与土木工程等的时候，如果选择不会妨碍农耕的季节，那么谷物自然就会丰收，吃也吃不完。如果您禁止渔夫用细密的渔网在池沼里捕鱼，那么鱼和鳖就会大量繁殖，吃也吃不完。如果您对樵夫用斧子和锛子砍伐木材的季节加以限制，那么木材就会大量富余。这样一来，人们的衣食住行和身后事都不会有任何遗憾。衣食住行和身后事能够毫无遗憾地进行，这才是称王天下的基础。让百姓在五亩的宅地上种植桑树，那么五十岁的老人就可以穿上温暖的丝绸。让人民饲养鸡、猪、狗，提醒他们不要忘了繁育的时期，那么七十岁的老人就可以吃上肉。对赋税和徭役的季节加以限制，使其不会妨碍农家百亩田地的耕作，那么四五口人的家庭就可以填饱肚子了。留意村庄的私塾教育，再加以孝顺父母长辈的道德教育，就不会再有头发花白的老人在路上背负重物的景象了。七十岁的老人能穿着丝绸的衣服，吃上肉，普通百姓也解决了温饱，这样的情况下，没有人不能成为天下王者的。丰收之年，猪狗吃掉了人的粮食，却疏于管理；歉收之年，路旁躺着饿死的人，却忘记打开仓库进行救济。百姓死了，却说这不是自己的责任，是年成不好。这跟刺死别人却说这不是自己的责任，而是刀具的责任有什么区别呢？如果大王您能不把饿死很多人归罪于年成，在政治上负起责任来，那么天下的百姓一定会聚集到您的国家来的。"

【解说】

梁惠王的祖父文侯、父亲武侯时代的魏国处于全盛期，是战国最初的霸主，在文化上也是最先进的国家。到了惠王，没能阻挡西方的新兴国家秦国的东进，只能将都城往东迁。惠王任用运河土木工程专家，同时也是大投机商的白圭[1]作为大臣，兴修运河和灌溉工程，大搞开发，试图复兴国运。正如上面惠王提到的那样，歉收之年的救济方面也是不遗余力。然而，魏国的国势完全没有上升的迹象。当时一般认为，农业生产提高的基础在于农民人口的增加，也就是生产进步和劳动力成正比。人口增加不仅意味着农业生产力的提升，还意味着战斗力

1　战国时水利专家，名丹，字圭。善于修筑堤防，兴修水利。主张减轻田税，征收生产物的二十分之一。还提出了贸易致富理论，主张采用"人弃我取，人取我与"的办法经商。

的增强，是富国强兵的最主要因素。对诸侯来说，人口是他们关心的重大政治议题。所以，惠王向孟子倾诉无法实现人口增长的苦恼。对此，孟子指出，与邻国相比，这种善政确实高出一筹；但对人民生活的关怀还没有在政策的每个方面施行到位。五十步笑百步这一比喻是孟子拿手的雄辩术，如今仍作为成语在使用。但是，无视量的差别，只讲质，这是有问题的。孟子雄辩的第二个特色是对乌托邦社会的描写，体现在从"五亩之宅"开始的那段话中。描写方式也很新鲜，确实能吸引人。但是，游离于现实之外的这种理想社会带有空想的性质，缺乏能够将其变为现实的政策。孟子在此首次提出了这种乌托邦社会构想，此后，他逐渐将其在概念上加以整理，后来曾试图建立基于井田制的新社会体系（参照《滕文公章句上》）。这段问答是他第一次提出乌托邦社会，因此很受关注。

类推法的逻辑

【四】

　　梁惠王曰："寡人愿安[①]承教。"孟子对曰："杀人以梃与刃，有以异乎？"曰："无以异也。""以刃与政，有以异乎？"曰："无以异也。"曰："庖有肥肉，厩有肥马，民有饥色，野有饿莩，此率兽而食人也。兽相食，且人恶之，为民父母，行政不免于率兽而食人，恶在其为民父母也？仲尼曰：'始作俑[②]者，其无后乎！'为其象③人而用之也。如之何其使斯民饥而死也？"

【注释】

① "安"一般解释成"乐意、高兴"，但是俞樾[1]说"安"通"焉"，
　所以"愿安"就是"愿焉"。

② 用陶土或木头做的，和尸体一起埋在墓中的偶人。近年来，
　在原本属于楚国领地的长沙、信阳等地发现了很多战国时
　代的"俑"。

③ 使……外形类似。

【译文】

　　梁惠王恳请道："先生，我想请您再说明得详细点。"

　　孟子恭敬地回答道："用木棍杀人和用刀杀人，有什么不同吗？"

　　惠王说："没什么不同。"

　　"那用刀杀人和用政治杀人，有什么不同吗？"

　　惠王回答道："没什么不同。"

　　孟子说："厨房里的肉脂满流油，马厩里的马膘肥体壮，
但人民面有菜色，野外横着倒毙的尸体，这等于是让野兽来吃

1　1821—1907年，清代学者，字荫甫，号曲园，浙江德清人。治经、子、小学，
主要著作有《群经平议》《诸子平议》《古书疑义举例》等。所有著作总称《春在
堂全书》，共250卷。

人。野兽之间互相撕咬，人们见了尚且厌恶。作为人民的父母施行政治，却让野兽来吃人，这怎么能叫作人民的父母呢？孔子说：'发明用于殉葬的人偶的人，一定会断子绝孙。'即使把偶人埋葬也令人极端厌恶，更何况将活着的人生生饿死呢？"

【解说】

朱子认为这一章是紧接着上一章的。上一章的末尾说到"非我也，兵也。王无罪岁，斯天下之民至焉"。看来惠王对这一段的意思不太明白，所以要求孟子做进一步的说明。朱子的见解是正确的。用刀杀人和用木棍杀人都是杀人，因为政治的失误而使人丧命也同样是杀人，孟子的逻辑是对的。这是三段论法的省略。墨子的时候已经发现了三段论法，孟子应该是从墨子的书中学到了这一方法，并将其整理成了明确的形式。孟子虽然懂得运用三段论法，但是这种方法太普通了，所以为了让人大吃一惊，收到奇效，他使用了带有比喻的类推法。从中我们可以看出孟子的雄辩术和修辞法的特色。

仁者无敌

【五】

梁惠王曰："晋国①，天下莫强焉，叟之所知也。及寡人之身，东败于齐，长子死焉②；西丧地于秦七百里③；南辱于楚④。

寡人耻之，愿比⑤死者一⑥洒⑦之，如之何则可？"孟子对曰：
"地方百里而可以王。王如施仁政于民，省刑罚，薄税敛，深
耕易耨⑧。壮者以暇日修其孝悌忠信，入以事其父兄，出以事
其长上。可使制⑨梃以挞秦楚之坚甲利兵矣。彼夺其民时，使
不得耕耨以养其父母。父母冻饿，兄弟妻子离散。彼陷溺其民，
王往而征之，夫谁与王敌？故曰：'仁者无敌。'王请勿疑！"

【注释】

① 梁国，也就是魏国，与赵、韩两国一起瓜分了春秋时期的
　霸主——晋国。由于魏国分得晋国首府所在的山西省西南
　部，因此被认为继承了晋国，有时也会被直接称为晋国。
　在梁惠王的祖父魏文侯、父亲魏武侯的时代，魏国握有战
　国时期最早的霸权。

② 公元前341年，魏国（梁国）将军庞涓陪着太子申出战，在
　马陵大败于以孙膑为军师的齐国将军田忌的军队。庞涓战
　死，太子申被俘。

③ 魏国（梁国）在公元前330年将河西的土地送给了秦国。公
　元前328年，又将上郡十五县割让给了秦国。

④ 公元前323年，楚国的柱国¹昭阳在襄陵击败魏（梁）军，

---

1 官名。战国时楚国设置，原为保卫国都之官，后为最高武官，也称上柱国。其
地位仅次于令尹、相国。

占领了八邑。

⑤ 助词，意为"替""为了"。

⑥ "一下子""完全"之意。

⑦ 洗刷掉。

⑧ "易"意为"快速"。"耨"意为"割草"。

⑨ 拿在手上。"制"同"掣"。

【译文】

梁惠王问道："晋国是天下无匹的强国，这点老先生您也知道。到了我这代之后，在东方败给了齐国，我的长子也战死了；在西方被秦国夺去了七百里的领土；在南方也悲惨地败给了楚国。这让我觉得很耻辱，希望能够为战死者一雪前耻。我到底应该怎么做才好呢？"

孟子恭敬地回答道："这种事情您没必要放在心上。即使只有百里见方的领土，您还是国王。如果您对领土上的人民施行充满仁德的政治，量刑时宽大一点，减少租税，让农民深耕土地，速速割草，教育壮年的人在闲暇时修习对父亲、兄长等人的孝顺、服从、忠实、信义等德行，在家庭内部好好地服侍父亲、兄长，在家庭之外好好地为年长者和上司服务。这样的话，就可以用木棒来狠狠击打秦国和楚国那些身穿坚固盔甲、手持锋利武器的精兵了。敌国不分季节地役使人民，使得人民无法通过农业来赡养父母。这样一来，父母就会饥寒交迫，兄弟、妻子和孩子就会离散。敌国就是这样来折磨人民，如同将其推入陷阱，沉入水中。大王您如果看准这一情况然后亲征的话，有谁会抵抗您呢？这就是所谓的'仁者无敌'。大王，请您找回自信！"

【解说】

梁惠王的这段话中出现的由秦、齐、楚带来的屈辱，正如注中所说明的那样，是公元前341年、公元前330年、公元前328年、公元前323年的历史事实，也是确定惠王会见孟子年代的重要史料。因为《史记·六国年表》中魏王的年代有误，所以我根据《竹书纪年》进行了改正，并推断出这次会见是在惠王，也就是惠成王后元十年（公元前323年）到他去世的公元前319年之间。

君主的资质

【六】

孟子见梁襄王①。出，语人曰："望之不似人君，就之而不见所畏焉。卒然②问曰：'天下恶乎定？'吾对曰：'定于一。''孰能一之？'对曰：'不嗜杀人者能一之。''孰能与之？'对曰：'天下莫不与也。王知夫苗乎？七八月之间旱，则苗槁矣。天油然③作云，沛然④下雨，则苗浡然⑤兴之矣。其如是，孰能御之？今夫天下之人牧⑥，未有不嗜杀人者也。如有不嗜杀人者，则天下之民皆引领⑦而望之矣。诚如是也，民归之，由水之就下，沛然谁能御之？'"

【注释】

① 惠王之子，名嗣。关于其在位年代，《史记》认为是公元前334年到公元前319年，这是错误的，目前一般认为是公元前318或317年到前公元296年。我根据钱穆、杨宽二人的意见，采用了公元前318年即位的说法。

② 突然，忽然。

③ 云涌动的样子。

④ 雨势很大的样子。

⑤ 物体站立起来的样子。

⑥ 将君主比喻成在放牧人民。

⑦ "领"就是"脖子"。"引领"意为"伸长了脖子期待"。

【译文】

　　孟子谒见梁襄王。退下来之后先生对门人说道："从远处看去，他没有人君的样子。到了他身边，也丝毫感觉不到威严。他匆匆忙忙地问我：'天下怎样才能安定呢？'我恭敬地回答道：'天下统一。''谁能统一天下呢？'我恭敬地回答道：'不喜欢杀人的人能统一天下。''谁来帮助他呢？'我恭敬地回答道：'天下没有不帮助他的。大王您应该知道农作物的秧苗吧。七八月间，如果干旱，秧苗就会枯萎。但是如果天空中出现了滚滚的乌云，又哗哗下雨的话，秧苗就会忽地挺立起来。这样一来，就没人能够阻挡其势头了。现在饲育人民的君主们中间，没有不喜欢杀人的。如果出现一位不喜欢杀人的君主，天下人应该都会翘首以盼这位君主吧。如果真的出现这种情况，人民归顺这位君主就好比是水往低处流一样，有谁能阻止其势头呢？'"

【解说】

公元前319年，聘请孟子问政的梁惠王去世，孟子对自己的前途感到有些迷茫。次年，梁太子襄王即位之后，孟子立刻请求谒见。见面之后，孟子发现襄王完全没有作为君主的威严。"天下如何才能安定"这种问题，仿佛是觉得无论是齐、楚、秦哪一方胜出，都和自己没关系一般，既没有责任感，又缺乏自信。于是孟子不想再理会他，早早放弃梁国，前往东方的新霸主齐宣王身边去了。

何谓仁政

【七】

齐宣王①问曰："齐桓、晋文②之事可得闻乎？"孟子对曰：

"仲尼之徒无道桓、文之事者，是以后世无传焉，臣未之闻也。无以③，则王乎？"曰："德何如，则可以王矣？"曰："保民而王，莫之能御也。"曰："若寡人者，可以保④民乎哉？"曰："可。"曰："何由知吾可也？"曰："臣闻之胡龁⑤曰，王坐于堂上，有牵牛而过堂下者，王见之，曰：'牛何之？'对曰：'将以衅⑥钟。'王曰：'舍⑦之！吾不忍其觳觫若⑧，无罪而就死地。'对曰：'然则废衅钟与？'曰：'何可废也？以羊易之！'不识有诸？"曰："有之。"曰："是心足以王矣。百姓皆以王为爱⑨也，臣固知王之不忍也。"王曰："然。诚有百姓者。齐国虽褊小⑩，吾何爱一牛？即不忍其觳觫，若无罪而就死地，故以羊易之也。"曰："王无异⑪于百姓之以王为爱也。以小易大，彼恶知之？王若隐⑫其无罪而就死地，则牛羊何择焉？"王笑曰："是诚何心哉？我非爱其财而易之以羊也，宜乎百姓之谓我爱也。"曰："无伤也，是乃仁术也，见牛未见羊也。君子之于禽兽也，见其生，不忍见其死；闻其声，不忍食其肉。是以君子远庖厨也。"王说曰："《诗》⑬云：'他人有心，予忖度⑭之。'夫子之谓也。夫我乃行之，反而求之，不得吾心。夫子言之，于我心有戚戚焉。此心之所以合于王者，何也？"曰："有复于王者曰：'吾力足以举百钧⑮，而不足以举一羽；明足以察秋毫⑯之末，而不见舆薪。'则王许之乎？"曰："否。""今恩足以及禽兽，而功不至于百姓者，独何与？然则一羽之不举，为不用力焉；舆薪之不见，为不用明焉；百姓之不见保，为不用恩焉。故王之不王，不为也，非不能也。"曰："不为者与不能者之形何以异？"曰："挟太山[17]以超北海[18]，语人曰：'我不能。'是诚不能也。为长者折枝[19]，语人曰：'我不能。'是不为也，非不能也。故王之不王，非挟太山以超北海之类也；王之不王，是折枝之类也。老吾老，以及人之老；幼吾幼，以及人之幼。天下可运于掌。《诗》云：'刑于寡妻[20]，至于兄弟，以御于家邦。'言举斯心加诸彼而已。故推恩足以保四海，不推恩无以保妻子。古之人所以大过人者，无他焉，善推其所为而已矣。今恩足以及禽兽，而功不至于百姓者，独何与？权，然后知轻重；度，然后知长短。物皆然，心为甚。王请度之！抑王兴甲兵，危士臣，构怨于诸侯，然后快于心与？"王曰："否，吾何快于是？将以求吾所大欲也。"曰："王之所大欲，可得闻与？"王笑而不言。曰："为肥甘不足于口与？轻煖不足于体与？抑为采色[21]不足视于目与？声音不足听于耳与？便嬖[22]不足使令于前与？王之诸臣皆足以供之，而王岂为是哉？"曰："否，吾不为是也。"曰："然则王之所大欲可知已。欲辟土地，朝秦楚，莅[23]中国而抚四夷也。以若所为，求若所欲，犹缘木而求鱼也。"王曰："若是其甚与？"曰："殆有甚焉。缘木求鱼，虽不得鱼，无后灾。以若所为，求若所欲，尽心力而为之，后必有灾。"曰："可得闻与？"曰："邹[24]人与楚人战，则王以为孰胜？"曰："楚人胜。"曰："然则小固不可以敌大，寡固不可以敌众，弱固不可以敌强。海内之地，方千里者九，齐集有其一。以一服八，何以异于邹敌楚哉？盖亦反其本矣。今王发政施仁，使天下仕者皆欲立于王之朝，耕者皆欲耕于王之野，商贾皆欲藏于王之市，行旅皆欲出于王之涂，天下之欲疾其君者，皆欲赴愬㉕于王。其若是，孰能御之？"王曰："吾惛，不能进于是矣。愿夫子辅吾志，明以教我。我虽不敏，请尝试之。"曰："无恒产而有恒心者，惟士为能。若民，则无恒产，因无恒心。苟无恒心，放辟邪侈，无不为已。及陷于罪，然后从而刑之，是罔㉖民也。焉有仁人在位，罔民而可为也？是故明君制民之产，必使仰足以事父母，俯足以畜妻子，乐岁终身饱，凶年免于死亡；然后驱而之善，故民之从之也轻。今也制民之产，仰不足以事父母，俯不足以畜妻子，乐岁终身苦，凶年不免于死亡。此惟救死而恐不赡㉗，奚暇治礼义哉？王欲行之，则盍反其本矣。五亩之宅，树之以桑，五十者可以衣帛矣；鸡豚狗彘之畜，无失其时，七十者可以食肉矣；百亩之田，勿夺其时，八口之家可以无饥矣；谨庠序之教，申之以孝悌之义，颁白者不负戴于道路矣。老者衣帛食肉，黎民不饥不寒，然而不王者，未之有也。"

【注释】

① 姓田名辟疆。战国七雄之一的齐国的威王之子，湣王之父。

《史记》将齐宣王即位时间定为公元前342年，去世时间定为公元前324年，这是错误的。应该是公元前319年（或公元前318年）即位，公元前299年（或公元前301年）去世（参照钱穆《先秦诸子系年》、杨宽《战国史》中的"战国大事年表"、陈梦家《六国纪年》等）。

② 齐桓公，名小白（公元前685—前643年在位）。晋文公，名重耳（公元前636—前626年在位）。春秋时期统治诸侯的霸主的代表人物。

③ "以"同"已"。

④ "保"即"安"。

⑤ 齐国大臣，事迹不明。

⑥ 钟铸成之后，需要用牛、羊等作为牺牲，即宰杀牛、羊后，将其血浇在钟上。这是一种赋予钟生命的法术。这种在落成典礼上举行的念咒仪式在世界各地都能见到。

⑦ "舍"通"捨"。"饶恕、宽恕"之意。

⑧ 前面两个字是牛因害怕而蜷缩的样子。将"若"读作"然"，即"觳觫然"，是俞樾首先提出来的。

⑨ 吝惜，吝啬。

⑩ "褊"也是"小"的意思。

⑪ 觉得奇怪。

⑫ 悲伤，怜悯。

⑬《诗经·小雅·巧言》第四章中的句子。

⑭ 推测。

⑮ 约7.7吨。[1]

⑯ 秋天新长出来的鸟兽的毫毛。还有一种说法是秋天谷物的穗毛。

⑰ 泰山。位于山东省，天下名山，五岳之首。

⑱ 相当于现在的渤海。

⑲ 一般是按照字面意思理解为"折断树木的枝条"。但是，毛奇龄[2]认为"枝"通"肢"，这句话可以理解为"弯曲长者的四肢，为他们按摩"，这是最恰当的见解。

⑳ 以此句为首的三句话出自《诗经·大雅·思齐》。"刑"即"型"，也就是模范，做出榜样，把家里整顿好。因为当时中国实行多妻制，所以"寡妻"指的是其中的嫡妻，也就是正室。

㉑ 彩色。

㉒ 在王的身边服务并得宠的侍从。

㉓ 同"临"。身处高位的人面对身处低位的人。

㉔ 春秋时期的邾国，也写成"邹"。鲁国旁边的小国，相当于

---

1 原文如此，有误。据《说文解字》，1钧为30斤，百钧应为3000斤。而汉代时1斤约相当于现在的258克，所以百钧约为774000克，即774公斤，也就是0.77吨。

2 1623—1716年，清代经学家、文学家。字大可，号初晴，又以郡望称西河，浙江萧山人。所撰《四书改错》对朱熹的《四书集注》有所抨击。其著作由后人编为《西河合集》。

现在的山东省邹城市。

㉕ 与"诉"同义。

㉖ 通"网"。

㉗ 足够。

【译文】

齐宣王问道："关于齐桓公、晋文公这两位霸主的事迹，您能跟我讲讲吗？"

孟子恭敬地回答道："孔子一门没有谈论过齐桓公、晋文公的事迹，没把他们的事迹传达给后世，我也没有听说过。没办法，我讲不了霸道，改讲王道吧。"

宣王说："那怎么样才能凭借道德成为王呢？"

孟子回答道："只要爱护人民，就可以成为王。其势头是任何人都无法阻止的。"

宣王问道："像我这种考虑事情不周到的人也能爱护人民吗？"

"完全可以。"

"您怎么知道我可以？"

"我从胡龁那里听说了这样一件事。大王您坐在殿上，有一个人牵着牛从下面经过，您看到之后就问道：'要把那只牛牵到哪里去啊？'

　　"养牛的恭敬地回答道：'我要到钟的落成典礼上去，把牛杀掉，将它的血涂在钟上，然后念咒。'

　　"大王说：'放了那只牛吧。我不忍心看到它可怜巴巴，没有罪却要被牵去宰掉的样子。'

　　"养牛的恭敬地回答道：'那要取消钟的落成典礼吗？'

　　"大王说：'典礼不能取消。用羊代替它吧。'

　　"这件事是真的吗？"

　　"确实有过这样的事。"

　　"只要有这样的想法，就足够成为王了。但是，人民都在胡乱猜测您是因为小气才做了这件事。我当然知道您是出于不忍杀生的慈悲之情才做了这件事的。"

　　宣王说："是的。确实像人民说的那样，看上去有点像是小气。但是，虽然齐国很小，身为君主的我怎么可能舍不得一头牛呢？我只是不忍心看到它可怜巴巴，没有罪却要被牵去宰掉的场景，所以才换成羊的。"

　　"大王，人民认为您小气，您也不要奇怪。因为您用小的东西替代了大的东西，所以他们认为您小气，他们怎么会懂得您这么做的真正原因呢？实际上，如果您觉得没有罪却要被牵去宰掉很可怜的话，牛和羊又有什么不同呢？"

　　宣王笑着说："我那时到底是出于一种什么样的心情呢？我不是因为舍不得财物而将牛换成羊的，不过人民批评我是小气鬼也是理所当然的。"

"您不用把人民的评价放在心上，您那样做也是仁的一种表现。因为您亲眼看见牛在您面前，但是却没看见羊。对于鸟兽，当君子看见了它们活生生的样子之后，就不忍看见它们被杀的样子；当听到了它们的哀鸣之后，就怎么也不想吃它们的肉。所以君子把厨房建在远处。"

宣王高兴地说："《诗经》里有'他人有心，吾忖度之'这两句话，仿佛就是在说先生。用羊来换牛是我自己的行为，但是我自己反而没能了解自己的心思。现在先生这么一说，让我清晰地回想起了当时的心情。不过，为什么有这种心情就足够成为王呢？"

"假设现在有人对大王您说：'我的臂力可以举起百钧，也就是三千斤重的东西，但是却难以举起一根羽毛。我的视力可以分辨出秋天鸟兽身上的毫毛，但却看不见满满一车的薪柴。'您能相信吗？"

"不，不能相信。"

"如今大王的恩泽甚至惠及鸟兽，但是政治的效果却无法体现在人民身上，这到底是什么原因呢？说到底，举不起一根羽毛是因为没有使用臂力，看不见满满一车薪柴是因为没有使用视力。人民没有受到爱护，是因为您没有施加恩泽。总而言之，大王您没有成为真正的王，不是因为您做不到，而是因为您不去做。"

"不去做和做不到的表现方式有什么不同呢？"

"有一句谚语，说的是将泰山夹在腋下飞越北海。如果您对别人说'这种事情我做不到'，这是真的做不到。假如有人让您为老人按摩一下，您说'这种事情我做不到'，这是不去做，而不是做不到。总而言之，大王您没能成为真正的王，不是属于将泰山夹在腋下飞越北海一类，而是属于给老人按摩一类。如果能将怜恤自己家老人的心情推广到别人家老人的身上，将疼爱自己家孩子的心情推广到别人家孩子身上，天下就可以操控于股掌之中。《诗经》中唱道：'先对自己的妻子端正礼节，再推广到兄弟，然后治理家庭和国家。'说的就是怀着这种同理心去对待他人。所以，如果将同理心，也就是恩泽加以推广的话，可以使得整个世界都变太平。但是如果不把恩泽加以推广，就算是一户人家内部也会出现不和谐。过去的圣人之所以大大超越了普通人，不是因为别的，正是因为他们将基于同情的行为广泛地推广到了别人身上。现在，虽然同情已经充分普及到了鸟兽身上，但是基于同情的政治的效果却还没有体现在人民身上，这到底是什么原因呢？有了秤，才能知道东西的重量，有了尺子，才能知道长度，所有的物品都是如此。而人的心尤其需要尺子一样的东西。我想请大王自己测量一下自己的心。您非要出动军队，牺牲家臣们的性命，与别的诸侯国结下怨恨，才觉得高兴吗？"

宣王回答道："不，我并没有觉得战争是令人高兴的。我只不过是通过战争去寻求自己非常想要的东西。"

"那大王能告诉我您非常想要的东西是什么吗？"

宣王笑而不答。

孟子进一步问道："是因为肥肉和甘美的食物不合您的口味吗？是因为又轻又暖和的衣服不合您的身吗？是因为建筑和日常用品的色彩让您觉得刺眼吗？是乐师的音乐听起来不够让您满意吗？还是因为在您身边服侍您并让您觉得中意的侍童数量不够？这些东西都是您的家臣可以弄到的，怎么会是大王您想要的东西呢？"

"对，我想要的并非这些东西。"

"如果是这样，那我知道您非常想要的东西是什么了。一定是扩张领土，让秦、楚等大国都来看您的脸色，成为中国的霸主，并使四方的蛮族都归顺您。但是，如果您想用这种手段来实现您的愿望的话，简直如同想爬到树上去抓鱼一样。"

宣王说："有这么离谱吗？"

"我觉得比这还要离谱。爬上树后即使抓不到鱼，也不会留下什么祸害。如果按照刚才说的那种手段来实现您的愿望的话，在用尽所有的心力之后，一定会留下祸害的。"

"您能告诉我其理由何在吗？"

"假设邹国和楚国交战，大王认为哪边会获胜？"

"楚国吧。"

"这么说来，小国当然敌不过大国，弱者敌不过强者。在中国的土地上，可以分出九个千里见方的国家，齐国的领土相当于其中一个。只占九分之一的齐国想要让其他八个国家臣服，这与邹国对楚国交战有什么不同呢？如果您明白了这个道理，为什么不能放弃这种想法，回到政治的正道上来呢？如果现在大王公布法令，实施仁政，那么，天下所有做官的人都会希望来到大王的朝廷效力，从事农耕的人都会希望在大王的土地上耕种，做生意的人都会希望把商品供应给大王的市场，旅行的人都会希望在大王统治下的道路上通行，对天下的君主抱有不满的人都会希望来大王这里控诉。这样一来，又有谁能阻止这个势头呢？"

宣王说："我很愚钝，非常缺乏施行仁政的自信。请先生帮助我实现我的志愿，明明白白地教导我。我虽然才疏学浅，但也想试着实施仁政。"

"没有固定的职业，却能保持固定的精神，这只有有学问的士人才能做到。如果是普通的人民，没有了固定的职业，就不会有固定的精神，很容易摇摆不定。一旦精神摇摆不定，就什么事情都干得出来，比如任意妄为、行事极端、走上邪路、过分奢侈等。等到他们犯下这些罪行之后再对他们处以刑罚，这跟撒网捕捉人民有什么区别？仁德之人身处君主之位，怎么能对人民撒网呢？因此，英明的君主管控人民的职业，一定要让他们上能充分服侍父母，下能足够抚养老婆和孩子，丰收之年能吃饱肚子，歉收之年也能免于死亡。在此基础上，再驱策人民做善事。这样的话，人民就会乖乖地听从君主的指导。而现在呢，君主管控人民的职业，他们上不能充分服侍父母，下不能足够抚养老婆和孩子，丰收之年也一直都很辛苦，歉收之年不能避免死亡。这样的话，他们会担心能否保全性命，根本无暇好好学习礼仪。如果大王您想要实行仁政的话，为什么不回到这一根本，由此出发呢？让各户农民在五亩的宅地上种植桑树，那么五十岁的老人就可以穿上温暖的丝绸。让他们饲养鸡、猪、狗并提醒他们不要忘了繁育的时期，那么七十岁的老人就可以吃上肉。对赋税和徭役的季节加以限制，使其不会妨碍各户农民耕作百亩的田地，那么八口人的家庭就可以填饱肚子了。留意村庄的私塾教育，并重视孝顺父母和顺从老人的道德教育，就不会再看到头发花白的老人在路上背负重物的景象了。年纪大的人穿着丝绸的衣服，吃着肉，普通百姓也不会吃不饱穿不暖，这种情况下，还不能成为真正王者的国家是不存在的。"

【解说】

梁惠王死后，早已失去霸权、衰败迹象愈发明显的梁国由襄王继位。襄王是一个平凡的君主。孟子不久就离开了梁国，回到了东边，访问了取代梁国成为六国霸主的齐国，在齐国都城临淄面见了宣王。

公元前319年，刚刚即位的宣王见到孟子，一开口就希望孟子告诉他有关齐桓公和晋文公成就霸业的情况。宣王的父亲威王在马陵之战中击败梁国，夺得了霸权。宣王继位之后，野心很大，希望击败西边的秦国和南边的楚国，成为全天下的霸主，所以他才会一开口就让孟子讲述齐桓公和晋文公的故事。孟子劝他说，齐国只不过是九国之一，仅仅凭借军事力量统一中国是很困难的。然后又说，如果通过真正王者的手段，也就是王道，让人民的生活安定下来，然后使善政口口相传，其他国家的人民、学者、商人等都移居齐国的话，国力就会增强，自然就比敌国更有优势，统一天下也就能够实现了。

光看对话的表面，这种王道政治看起来也许完全是一种空想。但是在当时，不仅是学者、商人，就连农民的移动性也比后来高很多。他们经常一听说某个国家在实施善政，就成群结队地移居到那个地方去。王道政治理想的形成基础条件，在于人民集体跨国移居是自由的，因此也不能一味将其斥为空想。孟子对宣王说的这番话看样子是事先经过精心准备的，与他一贯的作风相比，议论的展开方式要慎重得多。孟子首先表扬了宣王，说他释放了要被牵去钟的落成典礼上牺牲的牛，将牛换成了羊；接着又给宣王戴高帽，说只要将这种心情加以推广，就能成为真正的王。孟子通过一问一答的形式，牢牢地抓住了宣王的心，使得宣王听进了他的意见，即把对人民的关爱（也就是恩泽）加以推广，使其在政治上开花结果。孟子把"腋下夹着泰山跨越北海"与"为长者按摩"这两个比喻对照起来，说明了"做不到"与"不去做"的差异，展开了非常缜密的论证。

第二卷　梁惠王章句下

　　这一卷由十六章构成，我选择了其中六章，分别是第一章、第七章、第八章、第十章、第十一章和第十六章。这一卷的中心是继《梁惠王章句上》之后，孟子与齐宣王的对话，从第一章到第十一章都是。但由于很多都大同小异，比较公式化，所以在这里只介绍其中的五章。所谓大同小异，是指孟子常常对宣王的一些看上去仿佛是弱点的性格加以肯定，比如喜欢流行音乐、喜欢修建别墅、好勇、好色，等等，把他捧得高高的，然后劝他说，只要愿意和群众并肩前行，就能成为明君。这更多地属于雄辩的技术，而不是逻辑。孟子在这方面的才能是出类拔萃的。这些对话之所以出现在《孟子》一书的首卷，应该是因为这些对话在当时非常有名。

　　当时的孟子是作为雄辩家，而不是作为学者博得大名的。当燕国发生内乱时，孟子劝宣王派军队攻打燕国，并大获成功。但是，由于占领政策的失败，齐国失去了燕国的民心，还招致了其他国家的干涉，最后从燕国败退。这样一来，当时的头号强国齐国的前途蒙上了一层阴影。本想辅佐齐宣王统一天下，实现王道政治的孟子，野心如同梦幻般消逝了。从王道思想的角度来看，对燕国的侵略完全是霸道的权力主义政策。其目的暂且不论；因为推进这件事失败了，所以孟子在失望与良心的谴责之下，受到了很大的打击，差点结束了政治家生涯。此后，孟子离开了齐国，在滕国、鲁国周游，孤独地提倡王道的理想。第十三章以后的各章都是那时孟子和君主的对话。《梁惠王章句上·下》中的各章基本上是按照孟子周游各国的顺序编排的。后世的传记学者根据考证将这一顺序进行了各种各样的改变，但这种做法反而不可信。

与民同乐

【一】

　　庄暴①见孟子，曰："暴见于王，王语暴以好乐②，暴未有以对也。"曰："好乐何如？"孟子曰："王之好乐甚，则齐国其庶几乎！"他日，见于王曰："王尝语庄子以好乐，有诸？"王变乎色，曰："寡人非能好先王之乐也，直好世俗之乐耳。"曰："王之好乐甚，则齐其庶几乎！今之乐犹古之乐也。"曰："可得闻与？"曰："独乐乐，与人乐乐，孰乐？"曰："不若与人。"曰："与少乐乐，与众乐乐，孰乐？"曰："不若与众。""臣请为王言乐。今王鼓乐于此，百姓闻王钟鼓之声，管籥^③之音，举疾^④首蹙頞^⑤而相告曰：'吾王之好鼓乐，夫何使我至于此极也？父子不相见，兄弟妻子离散。'今王田猎于此，百姓闻王车马之音，见羽旄^⑥之美，举疾首蹙頞而相告曰：'吾王之好田猎，夫何使我至于此极也？父子不相见，兄弟妻子离散。'此无他，不与民同乐也。今王鼓乐于此，百姓闻王钟鼓之声，管籥之音，举欣欣然有喜色而相告曰：'吾王庶几无疾病与，何以能鼓乐也？'今王田猎于此，百姓闻王车马之音，见羽旄之美，举欣欣然有喜色而相告曰：'吾王庶几无疾病与？何以能田猎也？'此无他，与民同乐也。今王与百姓同乐，则王矣！"

【注释】

① 庄暴是齐宣王的臣下。接着上一章，孟子继续与齐宣王对话。

② 这个"乐"一般认为是音乐的"乐"。另外有一种说法是快乐的"乐"，不妥。

③ 赵岐将"管"解释为"笙"，将"籥"解释为"箫"。"管"也许只是笛子，"籥"是有很多根管子的乐器，也就是笙、箫之类。

④ 头疼。

⑤ "頞"是鼻梁，"蹙"是缩的意思。这两个字接着上面的"疾首"，指的是因为头疼而愁眉苦脸。

⑥ 中国古代的旗帜上经常装饰有羽毛。

【译文】

　　庄暴见到孟子，说："我谒见大王的时候，大王告诉我他喜欢音乐。我该怎么回答才好呢？"

　　孟子说："如果大王十二分地喜欢音乐的话，齐国的政治应该就快要变好了吧。"

　　过了几天，孟子谒见大王时说："听说大王对庄先生说您喜欢音乐，是真的吗？"

　　大王红着脸回答道："对于古代圣王所作的古典音乐，我是欣赏不了的。我只是喜欢现代的流行音乐。"

　　"大王您如果十二分地喜欢音乐，齐国很快就会国泰民安的。现代音乐和古典音乐都一样。"

　　"为什么呢？您能进一步加以说明吗？"

　　"一个人欣赏音乐和与他人一起欣赏音乐，哪个更愉快呢？"

　　"与他人一起欣赏更愉快。"

　　"与少数人一起欣赏音乐和与很多人一起欣赏音乐，哪个更愉快呢？"

　　"与很多人一起欣赏更愉快。"

　　"我再给大王说点关于音乐的事情吧。假设现在大王让人在此演奏音乐，人民听到钟声、鼓声、笙箫声之后，一齐感到头疼，并紧锁双眉，愁容满面地互相议论道：'我们的大王太过于喜欢音乐，为什么让我们遭受如此的痛苦呢？父子不能见面，兄弟、老婆和孩子都离散了。'假设大王现在出去打猎，人民听到大王车马的声音，看到漂亮的旌旗之后，一齐感到头疼，并紧锁双眉，愁容满面地互相议论道：'我们的大王太过于喜欢打猎，为什么让我们遭受如此的痛苦呢？父子不能见面，兄弟、老婆和孩子都离散了。'之所以会这样，不是因为别的，正是因为您不与人民一起欢乐。如果现在大王让人在此演奏音乐，人民听到大王的钟声、鼓声、笙箫声之后，笑眯眯地露出高兴的脸色，互相议论道：'看样子我们大王的身体不错，不然的话，为什么会演奏音乐呢？'如果大王现在出去打猎，人民听到大王车马的声音，看到漂亮的旌旗之后，笑眯眯地露出高兴的脸色，互相议论道：'看样子我们大王的身体不错，不然的话，为什么会出来打猎呢？'之所以会这样，不是因为别的，正是因为您与人民一起欢乐。如果现在大王能与人民一起欢乐的话，一定能成为真正的王。"

【解说】

　　这段问答是孟子从庄暴那里听到宣王说自己喜欢音乐，隔几日孟子见到宣王之后，二人所进行的对话。宣王害羞地说，虽然他喜欢音乐，但并非孟子等人重视的齐、周的古典音乐，而是当时流行的郑、卫的音乐，用现在的话来说，就是通俗音乐。孟子说，音乐都一样，只要大王有喜欢音乐的心，齐国就安定了。而且，一个人欣赏音乐不如和大众一起欣赏音乐。如果用这种与民同乐的心情去施行政治，和人民一起努力使生活变得愉快的话，就能形成善政。这种论证方法与后面几章在技巧上完全相同，如拥有别墅（原文第二章、第四章）、好勇（原文第三章）、贪财、好色（原文第五章）。为了避免重复，这几章在此略去。

孟子的精神主义肯定了人的欲望，并且主张这种欲望应该冲破个人主义的框架，立足于广阔社会。这种主张正是孟子性善说的基础。

任用人才

【七】

孟子见齐宣王曰："所谓故国①者，非谓有乔木②之谓也，有世臣③之谓也。王无亲臣矣，昔者所进，今日不知其亡也。"王曰："吾何以识其不才而舍之？"曰："国君进贤，如不得已，将使卑逾尊，疏逾戚，可不慎与？左右皆曰贤，未可也；诸大夫皆曰贤，未可也；国人皆曰贤，然后察之；见贤焉，然后用之。左右皆曰不可，勿听；诸大夫皆曰不可，勿听；国人皆曰不可，然后察之；见不可焉，然后去之。左右皆曰可杀，勿听；

诸大夫皆曰可杀，勿听；国人皆曰可杀，然后察之；见可杀焉，然后杀之。故曰，国人杀之也。如此，然后可以为民父母。"

【注释】

① "故"是古老的意思，所以"故国"指有传统的国家。

② 高高的树木。它不是指首都的树木、公园里的森林，而是指国家的社稷坛里象征国土的神树。

③ 从祖先开始代代都在一个国家做官的世袭的家臣。

【译文】

孟子谒见齐宣王，说："世间所说的有古老传统的国家，指的是在社稷坛的森林里有参天的神树，这是不对的；应该是指有世袭家臣的国家。像齐国这种没有世袭臣子的新兴国家，就算是大王您亲自任命的臣下，昨天您刚提拔他，有可能今天他就干坏事被处以死刑了，不稳定。"

宣王问道："那我怎么样才能辨别没有才干的臣下，从而罢免他们呢？"

"君主提拔才干出众的臣下时，必须顺其自然，不能勉强。因为有时要把级别较低的贤者提拔到级别高的人之上，有时则要把关系较疏远的人提拔到关系亲密的人之上，所以必须慎之又慎。大王身边的人说某人很优秀，这不足为凭。即使高官们也都说他优秀，还是不足为凭。首都百姓都异口同声说他优秀，大王也要对他进行调查，看清了他真的很优秀之后，再任用他。反之，大王身边的人都说某人不行，这不能轻信。即使高官们也都说他不行，还是不能轻信。首都百姓都说他不行，大王也要对他进行调查，看清了他真的不行之后，再免他的职。大王身边的人说某人该判死刑，这不能轻信。即使高官们也都说他该判死刑，还是不能轻信。首都百姓都说他该判死刑，大王也要对他进行调查，看清了他确实该判死刑之后，再处以死刑。如果采取这种做法，可以说不是大王处他死刑，而是首都百姓处了他死刑。大王只有像这样当心，才能成为人民真正的父母。"

【解说】

这时的齐国已经不是周朝初年太公望建立的齐国，而是从陈国漂泊来的陈氏，也就是田氏，到了宣王的父亲威王这一代（公元前356年），夺取了原来齐国的王位而新建立的国家。到宣王即位的公元前319年为止，才过了37年，只有一代君主。陈氏建立新的齐国时，吕氏[1]以前建的社稷坛被作为亡国之物而遭废弃，新建了陈氏的社稷坛。吕氏的社稷坛里的神树也被砍倒，新

1　指周朝初年太公望建立的齐国。太公望，姜姓，吕氏，名尚，一名望，字子牙。

种植了陈氏社稷坛的神树。因为才刚过了37年，新的神树还没有从前吕氏社稷坛里的老树那么高。这棵新神树是新兴齐国命运的象征。孟子说古老的神树不是故国的特征，没有世袭的臣下才是新兴齐国的弱点，这番话极其敏锐地洞察了齐国政治的本质。只有将这一历史背景考虑进去之后，这段问答才会显得生动。

认可革命

【八】

　　齐宣王问曰："汤①放桀，武王②伐纣③，有诸？"孟子对曰："于传有之。"曰："臣弑其君，可乎？"曰："贼仁者谓之贼，贼义者谓之残，残贼之人谓之一夫。闻诛一夫纣矣，未闻弑君也。"

【注释】

① 商朝的开国君主，正确的名字应该叫天乙。唐、汤或成汤是其宗庙的名字。他灭掉了夏王朝最后一任君主——暴君桀王，夺取了天下。

② 周朝开国的英明君主，继承了名君文王的位子，并在牧野之战中击败了商朝的纣王，将其杀死，夺取了天下。

③ 商朝最后的暴君。

【译文】

齐宣王问道："据说商朝的汤王放逐了夏朝的桀王，夺取了天下；周朝的武王讨伐商朝的纣王，夺取了天下。这是历史事实吗？"

孟子回答道："有这样的传说。"

"这样的话，臣下杀君主这件事是得到认可的吗？"

"破坏仁德的人被称为贼，破坏正义的人被称为残，犯下贼、残的罪行的人已经不是君主了，他们变成了独夫，也就是一名普通百姓。我只听说武王杀了身为独夫的纣，没听说他杀了身为君主的纣。"

【解说】

孟子认为，暴君已经失去了君主的资格，所以即使杀了他们，也不构成对君主的反叛罪，这种看法等于承认了夺取吕氏齐国的田氏的正统性。孟子这种认可人民革命权的观点只有在战国时期的新兴城市国家才有可能成立。在上一章里，孟子主张，如果君主想要排除门阀之见而任用贤能之士，不仅需要高官的同意，还需要人民的同意。将这两章的内容结合起来考虑我们就会明白，由城市国家扩张而产生的领土国家的基础是民主制。但另一方面，对于威王之后即位的宣王来说，这是一种很具刺激性的说法。孟子的主张大概无法足以让宣王感到安心。

王道主义者孟子的污点

【十】

　　齐人伐燕，胜之。宣王问曰："或谓寡人勿取，或谓寡人取之。以万乘之国伐万乘之国，五旬而举之，人力不至于此。不取，必有天殃[①]。取之，何如？"孟子对曰："取之而燕民悦，则取之。古之人有行之者，武王是也。取之而燕民不悦，则勿取。古之人有行之者，文王是也。以万乘之国伐万乘之国，箪食壶浆[②]以迎王师，岂有他哉？避水火也。如水益深，如火益热，亦运而已矣。"

【注释】

[①] 上天降下的灾难。

[②] "箪"是用竹子编成的圆形饭盒，内部有隔板。"浆"是谷物的汤汁，有时也指酒。这里指用饭和酒来欢迎军队。

【译文】

　　齐国攻打燕国并获胜，宣王问道："有人反对我，说不能占领燕国，也有人劝我占领燕国。拥有一万辆战车的齐国攻打同样拥有一万辆战车的燕国，用了五十天就完全将其征服了，光凭人力是无法获得这么大成功的，应该还是天命吧。如果不占领的话，也许反而会遭到上天的惩罚。我就占领燕国怎么样？"

　　孟子恭敬地回答道："如果大王的占领能让燕国人民高兴的话，就占领吧。以前有一位贤人做过这样的事，那就是灭掉商朝的周武王。如果大王的占领不能让燕国人民高兴，那就不要占领。以前有一位贤人做过这样的事，那就是周文王。拥有一万辆战车的大国攻打同样拥有一万辆战车的大国时，敌国的人民把饭盛在饭盒里，把酒水装在罐子里，以此来欢迎大王您的军队，他们之所以这么做，没有什么深远的原因，只是想逃避水深火热的灾难。这种情况下，您是可以占领的。但是如果占领之后，水更深，火更热的话，这种上天赐予的幸运又会逃走的。"

【解说】

　　公元前316年或公元前315年左右，位于齐国北部，以现在的北京一带为中心，拥有从河北省到东北的辽东地区的燕国发生了异变。燕王哙信任大臣子之，又沉迷于当时流行的帝尧不立己嗣，把帝位让给贤者舜这一禅让传说，打算将子之立为王，而不是太子平。于是太子平与将军市被一起勾结贵族，发动了内乱，率军包围王宫，攻打子之。内乱持续了好几个月，最后太子平和将军市被等人战死。

　　公元前314年，齐宣王趁着这次内乱，命令将军匡章动员齐国五都的军队，也与北方民族合谋，入侵了燕国。当时燕国民众正苦恼于燕王和贵族之间的内乱，很欢迎齐军的到来。于是齐军杀了燕王哙，攻陷了燕国首都，仅用五十天就控制了燕国的主要部分。打了胜仗之后，关于齐军是否应该顺势驻扎在燕国国内，继续实施占领这一问题，齐国政界出现了赞成和反对两种意见，宣王不知该如何决断。

　　这一章就是宣王就这一争论征询孟子的意见。孟子回答说，如果苦恼于内乱、对王室感到厌烦的燕国民众支持齐国占领的话，那就继续占领；如果燕国民众反对齐国的占领和统治，那就应该放弃燕国而撤军。另外孟子还警告说，如果占领导致燕国民众陷入更加困难的局面的话，天命就会流转，很有可能会给齐国带来不利。提倡道德主义王道政治的孟子虽然加上了"如果燕国民众支持的话"这一前提条件，但他支持齐国这种侵略主义行为还是让人难以理解。另外，汇集了战国时代外交秘闻的《战国策》记载，孟子不仅支持齐国占领他国的政策和殖民主义，当他听闻燕国发生内乱之后，甚至还劝诱齐宣王说："现在正是讨伐燕国，像周文王和周武王那样实现统一王朝的绝好机会，千万不能放过！"孟子支持开战，这点从《公孙丑章句下》的第八章（本书从略）也能看出来。这一章中，沈同[1]问孟子是否应该伐燕，孟子回答说："可。"由此可见，孟子从一

1　齐国大臣。

开始就主张对燕国发动侵略战争，这是确凿的历史事实。孟子的这种权力主义、机会主义的言行与儒家学者对于孟子的一般印象——王道主义者——看上去是大相径庭的。

孟子的占领政策

【十一】

齐人伐燕，取之。诸侯将谋救燕。宣王曰："诸侯多谋伐寡人者，何以待之？"孟子对曰："臣闻七十里为政于天下者，汤是也。未闻以千里畏人者也。《书》曰：'汤一征，自葛①始。'天下信之。东面而征，西夷怨；南面而征，北狄怨，曰：'奚为后我？'民望之，若大旱之望云霓②也。归市者不止，耕者不变。诛其君而吊其民，若时雨降，民大悦。《书》曰：'徯我后，后来其苏。'今燕虐其民，王往而征之，民以为将拯己于水火之中也，箪食壶浆以迎王师。若杀其父兄，系累其子弟，毁其宗庙，迁其重器③，如之何其可也？天下固畏齐之强也，今又倍地而不行仁政，是动天下之兵也。王速出令，反其旄倪④，止其重器，谋于燕众，置君而后去之，则犹可及止也。"

【注释】

① 夏朝时位于河南省东部的小国。据说他们在祭祀宗庙的时候有所懈怠，所以遭到了汤王的征伐。

② 霓，虹也，雨则虹见，故大旱而思见之。

③ 祭祀宗庙时使用的青铜器，在古代被当作神圣的器物而备受重视。

④ "旄"同"耄"，指八九十岁的老人。"倪"指幼儿。

【译文】

齐国征伐燕国并将其占领，这时，诸侯合谋要救燕国。

宣王问道："列国合谋要攻击我国，怎么才能让他们停止合谋呢？"

孟子回答道："我知道有人凭借纵横七十里的国土统一了天下，那就是商朝的汤王。但我没听说过像大王这样，拥有纵横千里的国土，却害怕别人的。《尚书》里说：'汤王最初起兵征伐的时候，首先从无道的葛国开始作战。天下都信任汤王的目的，所以当汤王向东方进军时，西方的夷族就会抱怨；当他向南方出兵时，北方的狄族就会抱怨。他们都抱怨为什么不先来自己这边呢？'天下的人民期待汤王的到来，简直就像大旱时看到乌云和彩虹一样。市场的人络绎不绝，耕田的人也一如往常。汤王征伐夏朝的暴君，慰问人民的痛苦，人民就像久旱逢甘霖一般，非常高兴。正如《尚书》里所说的那样：'翘首以盼我们的君主。君主来了，我们就都复活了。'如今，大王的军队是在燕国的君主虐待人民的时候，对其进行征伐，人民都希望从水深火热的痛苦中解脱出来，所以才会把饭装在食盒里，把酒装在罐子里，以此来欢迎大王的军队。但是，我听说您杀害燕国人民的父兄中有权势的人，并将其子弟关进牢房，还破坏燕国的宗庙，试图将宗庙中供奉的宝物拿回齐国。如果这些是事实的话，真是让人不知说什么才好。天下人从以前开始就一直警惕齐国的强大。如今，我们又占领了燕国，领土增加了一倍，而且占领政策又不合道义，所以天下国家想派兵对付齐国是理所当然的。如果大王赶紧发出敕令，让齐军释放年老和年幼的囚犯，停止搬运宝物，并且听取燕国人民的意见，拥立合适的君主，然后撤兵，就可以让其他国家的军队停止攻击齐国了。"

【解说】

齐宣王占领燕国一事打破了秦、燕、赵、韩、魏等国的势力均衡，是一个重大事件。面对这个事件，此前互相争斗的列强感受到了共同的利害，因此协商联合出兵干涉齐国。齐宣王畏于这一形势，征求了孟子的意见。孟子掷地有声地说，有以七十里见方的国土而统一了天下的汤王的先例，国土千里见方的大国齐，面对步调尚不完全一致的列国的干涉，没有必要战战兢兢——以此来激励意志消沉的宣王，并且陈述了当前的对策。在孟子看来，齐国的占领政策很有问题。特别是他们镇压燕国人民，引起其不必要的反感，还毁坏了象征燕国的宗庙，并试图把庙中的宝物拿回齐国。孟子说，应该首先废除这些政策，接着，为了燕国的安定，拥立国民希望看到的君主，然后撤兵，这样的话，齐国兵力就不会有大的损失，可以全身而退。从内外的形势来看，占领燕国是失败的，看透了这一点的孟子劝宣王果断地转变政策，即立刻缓解燕国民众的反感，并确保军队安全撤退。孟子的这一决断非常精彩。从这点来看，孟子不仅是一介学者，作为很好地把握了政治现实的政治家，其才能也是卓越的。原本强烈支持干涉燕国这一侵略政策的孟子，在明白了该政策的失败之后，认真思考了次优的政策。

但是，由于这次侵略的失败，曾和秦国并列为天下强国的齐国霸业，也出现了很大的裂痕。试图辅佐霸主齐宣王统一天下并实施王道政治的孟子，其庞大的野心灰飞烟灭了。在尝到深深的挫折感，经历了作为政治家的彻底失败之后，孟子依依不舍地悄然离开齐国。

喜欢奢华的孟子

【十六】

鲁平公①将出。嬖人臧仓者请曰："他日君出，则必命有司所之。今乘舆②已驾矣，有司未知所之，敢请。"公曰："将见孟子。"曰："何哉？君所为轻身以先于匹夫者，以为贤乎？

礼义由贤者出，而孟子之后丧逾前丧。君无见焉！"公曰："诺。"乐正子入见，曰："君奚为不见孟轲也？"曰："或告寡人曰：'孟子之后丧逾前丧'，是以不往见也。"曰："何哉，君所谓逾者？前以士，后以大夫；前以三鼎③，而后以五鼎③与？"曰："否。谓棺椁④衣衾⑤之美也。"曰："非所谓逾也，贫富不同也。"乐正子见孟子曰："克告于君，君为来见也，嬖人有臧仓者沮君，君是以不果来也。"曰："行或使之，止或尼之。行止，非人所能也。吾之不遇鲁侯，天也。臧氏之子焉能使予不遇哉？"

【注释】

① 公元前322年—前303年在位。名叔。

② 天子和诸侯所乘坐的马车。

③ "鼎"是三足铜器，祭祀时用来煮牺牲的牲畜的肉用作供品。是用三只鼎还是五只鼎，由祭祀的规模和祭主的身份决定。

④ 套在棺材外面的另一层箱子。

⑤ 盖在尸体上的被褥。

【译文】

　　鲁平公将要外出。他的宠臣臧仓缠着他说："平时殿下外出时，一定会告诉管事的官员您要去哪里。今天马车都已经套上马了，但是官员却不知道您要去哪里。请您告诉我吧。"

平公说："接下来我要去见孟子。"

"这是怎么回事？殿下竟然亲自出门去见孟子这个普通老百姓？您认为孟子是贤人吗？您是在开玩笑吧？礼法是贤者的专利，但我听说孟子为他继母办的葬礼比以前为他亲生母亲办的葬礼要豪华很多。这种人您不要去见他！"

平公说："好的，我明白了。"

孟子的弟子乐正子谒见平公时问道："殿下为何没有见孟子呢？"

"有人对我说：'孟子办继母的葬礼比以前办亲生母亲的葬礼要奢侈得多。'所以我没去见他。"

"殿下说奢侈，是因为前一次孟子用了士礼，而后一次用了大夫礼；前一次用了三个鼎，而后一次用了五个鼎吗？"

平公说："不，我指的是内棺和外棺、衣服和被褥很奢华。"

"那不是奢侈，而是因为前后两次的贫富程度不同。"

乐正子见到孟子，说："我让殿下来拜访您，但他的宠臣臧仓从中作梗，所以殿下最终没能来见您。"

孟子说："一件事情，既有促成它的东西，也有妨碍它的东西。事情是成功还是中止，这是人力无法控制的。我见不到鲁侯是天命，臧家的孩子怎么能凭一己之力让我见不到呢？"

【解说】

　　孟子似乎出手很阔绰，喜欢奢华。因此，在他收入允许的范围内，尽可能盛大地举办了继母的葬礼，由此遭到了鲁平公身边无聊小人的中伤。战国中期以后，不仅是思想家，整个社会都具有一种共同倾向，那就是想在人世间扬名立万，大显身手，而不是做一个甘于贫穷、孜孜不倦的书生学者。因此，只责怪孟子一个人似乎有点苛刻。但是另一方面，还有一种观点是，对这种社会风气不加理睬的人，才具备学者、特别是儒家学者的资格。所以孟子才会成为人们非难的目标吧。

第三卷　公孙丑章句上

　　这一卷由九章构成，我选择了其中三章，分别是第二章、第六章和第七章。原书的第一章和第二章是孟子和弟子公孙丑的对话，是这一卷的中心，也是篇名的由来。但我省略了第一章。原书的第一章到第三章主张的是，不要做凭借力量称霸的霸主，而要走以德服人的王者之道。这些话用来劝说身为霸主的齐国是很合适的。但是因为类似的对话有很多，所以我有所省略。

　　我选择的第一章（原书的第二章）在《孟子》中算是特别长的一章。当时齐国流行着原始道家的自然哲学式的思维方式，这一章中孟子表达了唯意志论的道德哲学，很好地展示了孟子思想的特征。这章中提出的"浩然之气"这一概念，深受原始道家的本体论思想的影响，并加入了意志、情绪方面的要素。虽然"浩然之气"恢复了儒家本来的以人为中心的哲学观，但因为孟子的思考没能充分消化原始道家的思想，因此其中含有矛盾。

浩然之气

【二】

公孙丑①问曰：“夫子加②齐之卿相，得行道焉，虽由此霸王不异矣。如此，则动心否乎？”孟子曰：“否。我四十不动心。”曰：“若是，则夫子过孟贲③远矣。”曰：“是不难，告子④先我不动心。”曰：“不动心有道乎？”曰：“有。北宫黝⑤之养勇也，不肤挠，不目逃，思以一豪挫⑥于人，若挞之于市朝。不受于褐宽博⑦，亦不受于万乘之君。视刺万乘之君，若刺褐夫。无严诸侯，恶声至，必反之。孟施舍⑧之所养勇也，曰：‘视不胜犹胜也。量敌而后进，虑胜而后会，是畏三军者也。舍岂能为必胜哉？能无惧而已矣。’孟施舍似曾子，北宫黝似子夏⑨。夫二子之勇，未知其孰贤，然而孟施舍守约也。昔者曾子谓子襄⑩曰：‘子好勇乎？吾尝闻大勇于夫子矣：自反而不缩，虽褐宽博，吾不惴焉；自反而缩，虽千万人，吾往矣。’孟施舍之守气，又不如曾子之守约也。”曰：“敢问夫子之不动心，与告子之不动心，可得闻与？”“告子曰：‘不得于言，勿求于心；不得于心，勿求于气。’⑪不得于心，勿求于气，可；不得于言，勿求于心，不可。夫志，气之帅也；气，体之充也。夫志至焉，气次⑫焉。故曰：‘持其志，无暴其气。’”“既曰‘志至焉，气次焉’，又曰‘持其志无暴其气’者，何也？”曰：“志壹则动气，气壹则动志也。今夫蹶者趋者，是气也，而反动其心。”“敢问夫子恶乎长？”曰：

"我知言，我善养吾浩然之气⑬。""敢问何谓浩然之气？"曰："难言也。其为气也，至大至刚，以直养而无害，则塞于天地之间。其为气也，配义与道；无是，馁也。是集义所生者，非义袭而取之也。行有不慊于心，则馁矣。我故曰，告子未尝知义，以其外之也。必有事焉而勿正⑭，心勿忘，勿助长也。无若宋人然：宋人有闵其苗之不长而揠之者，芒芒然归。谓其人曰：'今日病矣，予助苗长矣。'其子趋而往视之，苗则槁矣。天下之不助苗长者寡矣。以为无益而舍之者，不耘苗者也；助之长者，揠苗者也。非徒无益，而又害之。""何谓知言？"曰："诐辞知其所蔽，淫辞知其所陷，邪辞知其所离，遁辞知其所穷。生于其心，害于其政；发于其政，害于其事。圣人复起，必从吾言矣。""宰我⑮、子贡⑯善为说辞，冉牛⑰、闵子⑱、颜渊⑲善言德行。孔子兼之，曰：'我于辞命则不能也。'然则夫子既圣矣乎？"曰："恶！是何言也？昔者子贡问于孔子曰：'夫子圣矣乎？'孔子曰：'圣则吾不能，我学不厌而教不倦也。'子贡曰：'学不厌，智也；教不倦，仁也。仁且智，夫子既圣矣！'夫圣，孔子不居，是何言也？""昔者窃闻之：子夏、子游⑳、子张㉑皆有圣人之一体，冉牛、闵子、颜渊则具体而微。敢问所安。"曰："姑舍是。"曰："伯夷㉒、伊尹㉓何如？"曰："不同道。非其君不事，非其民不使；治则进，乱则退，伯夷也。何事非君，何使非民；治亦进，乱亦进，伊尹也。可以仕则仕，可以止则止，可以久则久，可以速则速，孔子也。皆古圣人也，吾未能有行焉；乃所愿，则学孔子也。""伯夷、伊尹于孔子，若是班乎？"曰："否。自有生民以来，未有孔子也。"曰："然则有同与？"曰："有。得百里之地而君之，皆能以朝诸侯有天下。行一不义、杀一不辜而得天下，皆不为也。是则同。"曰："敢问其所以异？"曰："宰我、子贡、有若㉔智足以知圣人。污，不至阿其所好。宰我曰：'以予观于夫子，贤于尧、舜远矣。'子贡曰：'见其礼而知其政，闻其乐而知其德。由百世之后，等百世之王，莫之能违也。自生民以来，未有夫子也。'有若曰：'岂惟民哉？麒麟之于走兽，凤凰之于飞鸟，太山之于丘垤㉕，河海之于行潦㉖，类也。圣人之于民，亦类也。出于其类，拔乎其萃，自生民以来，未有盛于孔子也。'"

【注释】

① 公孙为姓，丑为名。孟子的弟子，据说是齐国人。

② 居于，在……的位子上。

③ 古代有名的勇士，卫国人，一说齐国人，事迹不明。

④ 名不害。墨子的弟子，善于辩论，但品行不佳。孟子的前辈。

⑤ 北宫是姓，黝是名还是字，不明。据说是齐国的勇士。

⑥ 被羞辱。

⑦ "褐"是毛织的衣料。"宽博"是宽大的上衣，在古代是身份低贱的人穿的衣服。

⑧ 有两种说法，一说姓孟，另一说姓孟施。有名的勇士，但国籍、事迹不明。

⑨ 孔子的弟子，姓卜名商。

⑩ 据说是曾子（孔子的弟子）的弟子。

⑪ 关于告子的这句话，有赵岐注、朱子注等多种不同见解。朱子的见解是在战国时期齐国思想界很有名的宋钘、尹文等原始道家的思想的基础上得出的，需要以留存在《管子》中的宋、尹的学说为背景才能理解。《管子·内业》中说，道虽然充满天地之间，但很难理解。不过，只要让心平静下来，就可以理解了。要想做到这点，必须抓住在心中主宰心的心，也就是心中之心。心中之心会以声音、话语的形式表现出来。要想理解心中之心，就必须抓住这种原始的话语。告子所说的"不得于言，勿求于心"中的"言"就是指的这种原始的言。这句话的意思是：必须要抓住这种原始的言并理解它；如果不抓住它，不是以心中之心，而是以普通的心去寻求的话，无论怎么寻求都无法理解任何东西。关于"不得于心，勿求于气"，《管子·内业》中说，心虽然在内部，但会表现在容貌、肤色等外部的东西上；在与人接触时，则会化为善意、恶意表现出来。这种感情的表现就是"气"。这句话的意思是：不抓住内部的心，再怎么追逐流露于外的感情的枝枝节节，也无法理解真相。

以前[1]的《孟子》的注释因为没有以宋、尹学说为背景来理解告子的话，所以全部都不得要领。其中，伊藤仁斋[2]在《孟子古义》中的解释稍微像样一点，但也离告子的本意很远。只有通过我的上述新解释，才能理解这句话的正确含义。

⑫ "次"为住宿之意。也就是说，意志所朝向的地方，气也会随之住宿，停下来。我在此采用了清朝毛奇龄的解释。

⑬ "浩"的意思是大，这里指天之和气。从六朝时开始，"浩然"被解释为"放纵、散漫"。现在[3]把清游和浊游称为"养浩然之气"属于六朝以来被歪曲了的意义。

⑭ 这个"正"的意义比较难懂。我在此采用了兰州大学中文系编的《孟子译注》中的解释，该书根据王引之[4]的观点，将"正"解释为"定""必"。也就是说，必须一直从事这件事情，但是也不能过于明确地将其作为目的。

⑮ 孔子的弟子宰予。

⑯ 孔子的弟子端木赐。

---

1 指本书完成时之前，即1985年之前。——编者注

2 1627—1705年，日本江户时代初期思想家，生于京都。早年学习朱子学，后转而反对朱熹的理先气后说。认为性理之说并非孔孟愿意，主张恢复古义，是日本新儒学中古义学的创始者之一。专重《论语》《孟子》二书，主要著作有《论语古义》《孟子古义》《童子问》等。

3 指本书成书时，即1985年。看来日本学界有把六朝时期的"清游""浊游"和"养浩然之气"联系起来的观点。——编者注

4 1766—1834年，清代训诂学家。字伯申，号曼卿，江苏高邮人。继承其父王念孙的音韵训诂之学，世称高邮王氏父子。主要著作有《经传释词》《经义述闻》等。

⑰ 孔子的弟子冉耕，字伯牛。

⑱ 孔子的弟子闵损，字子骞。

⑲ 孔子的弟子，名回，字子渊。

⑳ 孔子的弟子言偃。

㉑ 孔子的弟子颛孙师。

㉒ 贤人，与叔齐是兄弟。兄弟二人都想把君主的位子让给对方，于是一起扔下君位逃离祖国，在殷、周之间保持了节操。

㉓ 辅佐过商朝开国君主的著名宰相。

㉔ 孔子的弟子有子。

㉕ 稍高的土堆。

㉖ 雨水积聚后形成的水洼。

【译文】

公孙丑问道："如果先生当上了齐国的大臣，得以施行您理想中的政治的话，正如您的学说中提到的那样，齐国成为天下的霸主、王者是毫无疑问的。但是，一旦真的成为大臣，先生的心是否会动摇呢？"

孟子说："不，我自四十岁起，心就没有动摇过。"

"如果真是这样的话，那先生比勇士孟贲还要厉害得多啊！"

"这不是什么难事。告不害君不动心的时间比我还要早。"

"要想做到心不动摇，有什么方法吗？"

"有。北宫黝在锻炼勇气时，能够做到即使刀剑迫近皮肤也一动不动，即使针快戳到眼睛也不眨眼；即使只受到了别人的一丝羞辱，他也感到像是在大庭广众面前挨了揍一般。他不能忍受穿着宽大粗布衣服的卑贱者的羞辱，也不能忍受拥有万辆战车的大国君主的羞辱。刺杀大国君主和刺杀粗布衣服的卑贱者在他看来没有任何区别。当他听说有人说他坏话时，即使是君主说的，他也一定会毫不客气地进行报复。另外，孟施舍则说过下面这番关于锻炼勇气的话：'在无法获胜的时候，我的态度和足以获胜的时候是一样的。因为如果先测算敌方的力量，只有当其落后于己方时才去进攻，当己方会获胜时才去跟敌方作战的话，一旦敌方三军人多势众，自己肯定会退缩。我自己并非总能获胜，我只是不畏惧数量众多的敌人。'如果将其比喻成学者的话，孟施舍比较接近曾子，而北宫黝则更像子夏。不能说哪个更胜一筹，不过，可以说孟施舍的锻炼方法更容易操作，更得要领。以前，曾先生曾经对子襄说：'你喜欢勇气吗？我以前曾问过孔先生什么是大勇。孔先生回答道，自己反省一下，如果觉得自己不正直的话，即使对方只是穿着粗布衣衫的贱民，也不能不感到敬畏之；自己反省一下，如果觉得自己正直的话，即使敌方有千万人，也能勇往直前。'这样看来，孟施舍的勇气锻炼法又不及曾子的简单和得要领。"

"恕我冒昧，我想问一下，先生的心不动摇和告先生的心不动摇有什么区别吗？"

"告子说：'不能通过语言理解的东西，不要试图通过心去理解。不能通过心去理解的东西，不要试图通过气去理解。'后一句话还算有道理，前一句话是不对的。因为意志是气的指挥官，气是充满整个肉体的。意志朝向一个地方，气也会随之而去。所以说，要好好地保持意志，不能让它乱；另外，不能随意乱用气而使它受伤。"

"先生您说：'意志朝向一个地方，气也会随之而去。'但您又说：'要好好地保持意志，不能让它乱；另外，不能随意乱用气而使它受伤。'这两句话不是自相矛盾吗？"

"意志一旦集中于某个方面，气也自然会跟着动。但是，气一旦集中于某个方面，反过来意志也会开始发挥作用。人们摔跤和奔跑确实是气的作用。但是，由于摔跤和跌倒，心不是在动摇吗？"

"恕我冒昧，先生擅长什么？"

"我擅长两件事，一是能理解其他人的所有言论，二是养浩然之气。"

"那我又要问了，所谓浩然之气是怎样一种东西？"

"这很难用语言来定义。浩然之气比任何东西都要大，可以无限扩展，比任何东西都要强，如果毫不弯曲、笔直地培养它，并且不加阻碍的话，它就会充满天地之间。另外，这种气离不开义和道，如果离开了，气就会饿死。浩然之气是在多次行义之后产生的，并不是义突然摄入了浩然之气。如果人类的行为举止不合于义，不能让心灵得到满足，浩然之气就会萎缩消失。所以我说，告子还不懂得义，因为他认为义存在于心灵之外。我们必须要努力地培养浩然之气，但是又不能只专心于这一件事。也不能忘了这件事，同时又不能从旁援手，强行使它生长，不能像愚蠢的宋国人那样做：有一名宋国的男子，担心秧苗不生长，所以把秧苗都拔高了。他筋疲力尽地回到家中，对家人说：'今天累死我了，因为我帮秧苗长高了。'他儿子赶紧跑到田里一看，秧苗都已经完全枯萎了。天下能做到不像这个宋国人一样拔苗助长的人只是少数。知道拔苗助长对作物有害而将秧苗弃掉的人，是连田里的草都不拔的人。想要帮助秧苗生长的人，是将其拔高的人。这对秧苗不仅无益，反而有害。"

"先生说能理解其他人的所有言论，这是怎么回事呢？"

"如果是偏颇的言论，我知道它的盲点所在。如果是夸张的言论，我知道它的得意忘形之处。如果是诡辩的言论，我知道它不合道理的地方。如果是敷衍搪塞的言论，我知道如何让它无法躲闪逃避。这几种言论如果在头脑中生成，不仅对个人的思想，而且对政治也会产生毒害。如果在政治上进一步发展，还会对国家的各项具体工作产生毒害。假如圣人能在当今社会复活，一定会同意我的这种看法的。"

"孔先生的弟子宰我、子贡擅于辞令，冉牛、闵子骞、颜渊则经常会讲述他们在道德方面的体验。孔先生两者兼备，却说'我不擅长言辞'。这样看来，已经两者兼备的先生您已经到达了比孔先生更高明的圣人之境吗？"

"呀，你这是什么话。以前，子贡问孔先生说：'先生是圣人吗？'孔先生说：'我哪里是什么圣人。我只是不厌倦做学问，不觉得做教育没意思而已。'子贡说：'不厌倦做学问就是智，不觉得做教育没意思就是仁。有仁有智，先生已经达到圣人之境了。'就连孔先生都不敢以圣人自居。你刚才说的那叫什么话！"

"我听说，子夏、子游、子张各自继承了孔先生的一个方面，而冉牛、闵子骞、颜渊则全方位地继承了孔先生，但所有方面的特征都没那么突出了。我想问一下，先生认为您相当于他们中的哪一个呢？"

"这个问题我要思考一下。"

"那么，古代的圣人伯夷、伊尹怎么样？"

"他们走的道路不同。如果不是完全合乎其理想的君主，他就不效力；如果不是完全合乎其理想的人民，他就不驱使；天下安定了，他就出来做官，天下大乱了，他就退隐，这是伯夷。不管效力于什么地方的君主都一样，不管驱使什么地方的人民都一样；天下安定也做官；天下大乱也做官，这是伊尹。该做官时就做官，该辞职时就辞职；该长期任职就长期任职，该速速辞官就速速辞官，这是孔先生。这三位都是过去的圣人，我还没能达到他们中任何一位的高度。但是，如果可以的话，我希望以孔先生为榜样。"

"伯夷、伊尹和孔先生是同等水平吗？"

"不。自从人类诞生以来，还没出现过和孔先生一样的人。"

"即便如此，他们三人总有些共同点吧？"

"是的。如果能获得百里见方的领土，成为君主的话，他们三人应该都可以让诸侯臣服，统一天下。但是，即使做一件违背正义的事，杀一个无罪的人就一定可以统一天下，他们也绝对不会做，在这点上三人也是一样的。"

"那您能为我说明一下他们三人不同的原因吗？"

"宰我、子贡、有若的智慧足以理解孔先生，即使多多少少有点夸大，也不至于偏袒他们喜欢的人物，所以我们来听听他们是怎么说的吧。宰我说：'在我看来，先生大大超过了尧舜这两位古代的圣人。'子贡说：'看一个人制定的礼制，就可以了解他政治的情况。听一个人制作的音乐，就可以了解他道德的高低。只要礼和乐得以保留，即使百世之后要和百世以前的君王进行比较，也丝毫不会产生错误。这样看来，自从人类产生以来，还没有过先生这样的人。'有若说：'不仅是人民。麒麟对于四足走兽，凤凰对于飞鸟，泰山对于山丘，河海对于水洼，都是同类。先生也和普通人民是同类。但正如麒麟、凤凰、泰山、河海在同类中的地位一样，已经超出了同类。是出类拔萃的。自从人类诞生以来，还没有像孔先生这么伟大的人。'"

【解说】

孟子和弟子之间的这番问答在《孟子》中是篇幅第二长的一章。孟子回答了自己信赖的弟子提出的问题，倾吐了自己关于学问和人生的信条，因此具有十分重要的意义。正因为如此，孟子作为学者、作为思想家的优点和缺点，以及他的学说的系统性缺陷等，都在此显露出来了。对于"如果当上了齐国大臣，先生的心会动摇吗"这一问题，孟子挺起胸膛回答说，自己早就过了动心的年龄了。这一回答将孟子充满炫耀和自信的性格表现得淋漓尽致。在如何才能不动心这点上，孟子对不同的勇士进行了比较，随后又引出了他关于修养的一番论述。在战国时期像齐国这样繁荣的大型城市国家中，聚集了很多侠客群体，比拼勇气是这些男儿的家常便饭。不仅如此，即便是学者，在那个时代如果没有这种气魄的话也是无法在社会上生存的。

从动心又引出了关于什么是心的论述，进入了形而上学的讨论。在不动心这点上，孟子对前辈告子的学说提出了批评。告子一直被认为属于墨子学派，但是从这一章中引用的告子的话来看，他似乎是一位深受属于原始道家的宋钘、尹文影响的学者。他认为最高的原理——"道"，是空而无形的，充满于天地之间。它可以填满有形的物体，填满身体的则被特别称为"气"。

孟子采纳了原始道家关于道、心、气的学说，提出了充满天地之间的"浩然之气"。不过，孟子认为在内部主宰气的东西是"志"，对其非常重视。在这一点上，孟子是站在唯意志论的立场上的。在宋、尹的学说中，气是扩散在宇宙间的无形物，他们采取的是自然主义的立场，而孟子重视的是主宰气的人的意志。孟子的这一立场转变没有得到很好的整理和体系化，很难成为学说。在这一点，形而上学者的孟子让人很不满意。

不忍人之心

【六】

孟子曰："人皆有不忍人之心。先王有不忍人之心，斯有不忍人之政矣。以不忍人之心，行不忍人之政，治天下可运之掌上。所以谓人皆有不忍人之心者，今人乍①见孺子将入于井，皆有怵惕、恻隐②之心。非所以内交于孺子之父母也，非所以要誉于乡党、朋友也，非恶其声而然也。由是观之，无恻隐之心，非人也；无羞恶之心，非人也；无辞让之心，非人也；无是非之心，非人也。恻隐之心，仁之端也；羞恶之心，义之端也；辞让之心，礼之端也；是非之心，智之端也。人之有是四端也，犹其有四体也。有是四端而自谓不能者，自贼者也；谓其君不能者，贼其君者也。凡有四端于我者，知皆扩而充之矣，若火之始然，泉之始达。苟能充之，足以保四海；苟不充之，不足以事父母。"

【注释】

① 突然。

② "怵"是惊恐，"惕"也是惊恐。"恻"是哀痛，"隐"也是哀痛。这四个字表示悲痛到了惊恐和坐立不安的程度。

【译文】

孟子说："人都有无法忽视别人悲苦的同情心。以前优秀的君王不仅拥有同情人间悲苦的心，还施以同情人间悲苦的政治。如果以同情人间悲苦的心来实施同情人间悲苦的政治，那治理天下就可以变得像在手掌心上玩小东西那么自如。我之所以说人都有对别人的悲苦感到同情的心，其道理就在于：假设现在有人看到一个走路摇摇晃晃的孩子将要跌到井里去了，不管这个人是谁，都会感到惊慌和难以忍受，一定会跑过去救孩子。这不是别有用心地为了和孩子的父母套近乎，也不是为了在乡亲和朋友之间博得救人一命的名誉和好评，也不是因为怕如果不去救孩子就会背上冷酷无情的恶名。这样考虑的话，没有不忍之心的人就不是人，没有羞耻之心的人也不是人，没有谦让之心的人也不是人，没有以是为是、以非为非的是非之心的人也不是人。这种不忍之心是仁的发端，羞耻之心是义的发端，谦让之心是礼的发端，是非之心是智的发端。人具有这四种发端就好比人有四肢一样。拥有这四种发端却无法实行仁义礼智的人，是杀害自己的人。认为君主不能实行仁义礼智的人，是杀害自己君主的人。只要是身上具备这四种发端的人，无论是谁都可以将其加以扩展和充实。就像刚开始燃烧的火和刚从源泉里流出来的水一样，只要加以扩充，完全可以统治整个世界。但如果无法加以扩充，则连服侍父母都不行。"

【解说】

孟子关于道德的论述中，这一章虽然没有超出常识的范围，但毫不矫揉造作，可以说是一篇能够打动所有人的名文。救落井者这一主题在孔子的话中也出现过（《论语·雍也》第二十六章）。中国的井因为井台低矮的比较多，所以孩子落入井中淹死的情况应该不少。孟子把在井中淹死改成了幼儿即将落入井中，这个比喻非常生动。"不忍人之心"这一说法让人类对他人的同情心带有了积极性。伊藤仁斋将这句话换了一种说法，变成了"不忍害人之心"，进一步突出了其积极性，不过这样做有点过头了。

不管怎样，这段话阐述的也是孟子的性善说，即所有人的本性都是善良的。

人的职业与德性
【七】

孟子曰："矢人岂不仁于函人[①]哉？矢人惟恐不伤人，函人惟恐伤人。巫匠亦然。故术不可不慎也。孔子曰：'里仁为美。择不处仁，焉得智？'夫仁，天之尊爵也，人之安宅也。莫之御而不仁，是不智也。不仁、不智、无礼、无义，人役也。人役而耻为役，由弓人而耻为弓，矢人而耻为矢也。如耻之，莫如为仁。仁者如射。射者正己而后发。发而不中，不怨胜己者，反求诸己而已矣。"

【注释】

① "函"是铠甲，制作铠甲的工匠就是函人。

【译文】

孟子说："制作箭的工匠并非比制作铠甲的工匠更无情。

制作箭的工匠担心自己做的箭不能让人负伤，制作铠甲的人则担心穿着铠甲的人负伤。想救人性命的巫医和制作死人棺材的木匠的关系也与此相同。所以人们在选择职业的时候，必须非常当心。孔先生说：'具有仁德是了不起的。如果一个人不能做到优先在仁德上确立自己的安身之处，那么这个人很难被称为智者。'仁是上天给予的最高爵位，是人类安居的住宅。没有人妨碍你身处仁中，你却不仁，这是没有智慧的人。不仁、不智、无礼、无义的人只能成为别人的仆人。因为不仁而成为别人的仆人，却又以仆人这一身份为耻，这就跟制作弓的人以造弓为耻，制作箭的人以制箭为耻没有两样。如果以仆人的身份为耻的话，最好的办法就是去行仁。行仁和射箭是一样的。射箭的人首先要端正自己的姿势，然后将箭射出。射出后即使没有命中，也不去怨恨对手命中并战胜自己，而是反躬自省，寻找自己的缺点。"

【解说】

作为人道主义者，孟子思考了职业与人的德性之间的关系。他反对选择武器制造作为职业，因为武器会伤人。制作弓和箭的人也好，制作甲胄的工匠也好，都是有温情的人，但是在社会上却被看作冷酷无情的人。孟子认为，人的职业和人具有的德性之间也有关联。特别是隶属于他人而受驱使的仆人一般由品德不佳的人担任。要想得到解放，首先应该修炼德行。这种思想反映了还没有完全脱离世袭阶级身份制度的战国社会的思考。可以说，这段话很好地表现了作为人道主义者的孟子的面目。

第四卷　公孙丑章句下

　　这一卷详细介绍了作为齐宣王的老师而获得信赖的孟子，后来和宣王之间产生了裂痕，终于离开齐国，最后又回到祖国邹国的这段经历。这里节选的第二章（原书的第二章）讲述的是，孟子作为宣王的老师，为保持教导者的权威，尽管宣王召见他，他却谎称有病，拒绝了召见，没有到朝廷去，由此引发了意想不到的困难局面。这个故事表现了孟子非常自信、毫不谦虚的性格。既然是君王的老师，那么无论在多么富贵的人面前也不用低头，双方是平等的。换言之，孟子之所以这么做，可能是因为他曾经对富贵抱有自卑感。

　　据说，孟子的学问可以追溯到孔子的弟子——曾子身上。他认为曾子是威武不能屈的大丈夫，尊其为真正的勇士。曾子正是孟子理想中的人物，所以他才会摆出不必要的架子，试图与宣王对抗。但是，孟子的政治活动因为他的这种性格而走到了尽头，想要借助齐宣王实现统一天下的理想就此破灭。

　　本书节选的《梁惠王章句下》的第四章（原书的第十章）中讲过，孟子失势的根本原因在于他强烈支持趁着内乱侵略燕国。当然，孟子要回避责任，肯定不会认为他直接地劝过宣王侵略。但直接不直接，都只是遁词而已。出征燕国的失败使齐国的霸业受到很大的挫折。虽然孟子嘴上辩解说自己没有责任，但内心肯定是感到有责任的。尽管知道要想弥补这次失败非常困难，但还是把统一天下这一虚幻的梦想寄托在宣王身上。然而，孟子的不必要的逞强招致了竞争者们的中伤，并最终失势。我从这一卷的总共十四章中选择了具有代表性的四章，分别是第一章、第二章、第五章和第十二章。

天时·地利·人和

【一】

　　孟子曰："'天时①不如地利，地利不如人和。'三里之城，七里之郭，环而攻之而不胜。夫环而攻之，必有得天时者矣；然而不胜者，是天时不如地利也。城非不高也，池非不深也，兵革②非不坚利也，米粟非不多也，委而去之，是地利不如人和也。故曰：域民不以封疆之界，固国不以山谿之险，威天下不以兵革之利。得道者多助，失道者寡助。寡助之至，亲戚畔之；多助之至，天下顺之。以天下之所顺，攻亲戚之所畔，故君子有不战，战必胜矣。"

【注释】

① 赵岐注认为"天时"指的是十天干、十二地支、金木水火土五行之间的互相配对。下文说"环而攻之，必有得天时者矣"，这是因为在攻城时，根据年份、季节、月份、日子的不同，有相应的有利于进攻的方位，又因为是围攻，四周都有进攻的士兵，所以肯定有某些士兵处于有利的方位上。根据这种观点，所谓的天时，指的是这样一种信仰：流年、季节、月份、日子等的不同，决定了进攻"方位"的吉凶。

② "兵"指武器，"革"指甲胄，因为当时的甲胄是用皮革做成的。

【译文】

孟子说："人们常说：'天时比不上地利，地利比不上人和。'三里的内城，七里的外城，对其进行围攻却无法取胜。既然能够围攻，进攻者中应该有人处在与天时相应、对攻城比较吉利的方位上，但却无法获胜，这证明了天时比不上地利。城墙并非不高，护城河并非不深，兵器并非不锐利，甲胄并非不坚固，粮食也并不缺乏，然而却抛弃城池退却了——这证明了地利比不上人和。所以人们常说：'靠国境线来限制国民是不可能的，靠山川的险要来守卫国家是不可能的，靠精锐的武器来威慑天下也是不可能的。'做事合乎道理的人就可以得到很多人的援助，做事不合道理的人只能得到少数人的援助。获得援助极少的人，连亲戚都会叛离他。获得援助极多的人，天下都会跟从他。有天下跟随的人去攻击众叛亲离的人，这样的君子虽然多数情况下不进行战争，但一旦进行战争，就一定能获胜。"

【解说】

"天时不如地利，地利不如人和"这句谚语或教训在孟子的时代是非常流行的。所谓天时，指的是在攻城时，与金、木、水、火、土五行的运行相呼应，年份、季节、月份、日子决定了方位的吉凶。不过孟子认为这是迷信而加以排斥。与天时相比，地理环境，也就是地利对战争胜负的影响要大得多，必须根据战场的地理状况来制定战略和战术，关于这一点《孙子》等军事学著作中的论述占了很大篇幅。《孙子》中最强调的就是战场的地理状况；虽然也考虑了不少"人和"的因素，但并没有把"人和"作为战争获胜的决定性因素加以强调。将重点置换成"人和"的是孟子，因为他采取了儒学的以人为本的思维方式。也就是说，在《孙子》中，军队的组织、将军的指挥能力、君主的信赖程度等确实被视为重要，但君主、将军、军队以及全体国民如何融为一体则不是很重要。孟子却非常强调全体国民融为一体的重要性。这点可以看出他的民主主义思想。

孟子的这段发言认为，战争不仅仅是军事学的问题，而且是儒家政治学的问题——这是卓越的见解。另外，"天时、地利、人和"也成了经常被引用的格言。

对国王的态度

【二】

孟子将朝王，王使人来曰："寡人如就见者也，有寒疾，不可以风。朝将视朝，不识可使寡人得见乎？"对曰："不幸而有疾，不能造朝。"明日，出吊于东郭氏①。公孙丑曰："昔者辞以病，今日吊，或者不可乎？"曰："昔者疾，今日愈，如之何不吊？"王使人问疾，医来。孟仲子②对曰："昔者有王命，有采薪之忧③，不能造朝。今病小愈，趋造于朝，我不识能至否乎。"使数人要于路，曰："请必无归，而造于朝！"不得已而之景丑氏宿焉。景子曰："内则父子，外则君臣，人之大伦也。父子主恩，君臣主敬。丑见王之敬子也，未见所以敬王也。"曰："恶！是何言也！齐人无以仁义与王言者，岂以仁义为不美也？其心曰'是何足与言仁义也'云尔，则不敬莫大乎是。我非尧舜之道，不敢以陈于王前，故齐人莫如我敬王也。"景子曰："否，非此之谓也。《礼》曰：'父召，无诺；君命召，不俟驾④。'固将朝也，闻王命而遂不果，宜与夫《礼》若不相似然。"曰："岂谓是与？曾子曰：'晋楚之富，不可及也。彼以其富，我以吾仁；彼以其爵，我以吾义。吾何慊乎哉？'夫岂不义而曾子言之？是或一道也。天下有达尊三：爵一，齿一，德一。朝廷莫如爵，乡党莫如齿，辅世长民莫如德。恶得有其一以慢其二哉？故将大有为之君，必有所不召之臣。欲有谋焉，则就之。其尊德乐道，不如是不足与有为也。故汤之于伊尹⑤，学焉而后臣之，故不劳而王；桓公之于管仲⑥，学焉而后臣之，故不劳而霸。今天下地丑⑦德齐，莫能相尚，无他，好臣其所教，而不好臣其所受教。汤之于伊尹，桓公之于管仲，则不敢召。管仲且犹不可召，而况不为管仲者乎？"

【注释】

① 齐国大夫。据说原本住在首都临淄东边的外城，也就是东郭，因此被称为东郭氏。从孟子家到位于东郭的东郭氏家，似乎距离相当远。

② 孟子的一位堂兄弟。

③ 生病又称"采薪之忧"。

④ 《论语·乡党》第二十一章中的句子。

⑤ 辅佐商朝开创者汤王的宰相。

⑥ 帮助春秋时期的霸主齐桓公达成霸业的宰相。

⑦ 相同，一样。

【译文】

孟子正打算去谒见齐宣王，这时，来了一位宣王的使者传达了宣王的话："我本来想亲自去先生的宅邸见您的，但因为我感冒了，不能接触外面的空气，所以没法去拜访您了。但是，如果先生能到朝廷来的话，我也会硬撑着上朝的。我们能不能在朝廷上见呢？"

孟子恭敬地回答道："很遗憾，我也生病了，无法上到朝廷。"

第二天，孟子想要去吊唁东郭氏。公孙丑说："昨天，先生以生病为理由拒绝了上朝。今天却要去参加吊唁，是不是不太合适呢？"

"昨天生病，今天病好了，为什么不能去吊唁呢？"孟子说完就外出了。

孟子出门之后，宣王的使者带着医生来探望他。在家看家的孟仲子恭敬地答复说："昨天接到了大王的命令，但先生不巧也生病了，所以没能上朝。今天他的病稍微好些了，所以就赶紧出门上朝去了，现在可能已经到了吧。"说完立刻派了几名当差去拦住正前往吊唁途中的孟子，告诉他说："请不要回家了，去朝廷吧。"

孟子进退两难，不得已去了景丑氏家，并住在了那里。景氏对先生说："家庭内部的父子关系和家庭外部的君臣关系是人应该遵守的重要秩序。父子间的关系以爱为主，君臣间的关系以敬为主。我看到了大王对你的尊敬，但是却没看到你对大王的尊敬。"

孟子说："啊呀，你这是什么话。齐国人民中没有人跟大王谈仁义，这难道是因为他们认为仁义不好吗？不是的。他们虽然觉得仁义是好的，但内心却认为'跟大王谈仁义没什么用'。这种行为难道不是对大王最大的不敬吗？我不是这样的。除了尧舜的仁义之道，我还没有在大王面前讲过任何其他事物。因此，齐国民众中没有比我更尊敬大王的了。"

景丑说："我所说的不敬没这么复杂。《礼记》中说：'父亲召唤，连回答说"我知道了"的空闲都没有就赶紧跑过去。君主召唤，不等给马车套上马就迈开步子。'原本先生是想要去上朝的，当听到大王的命令之后，反而不去上朝了。这种行为跟《礼记》里的记载不是相去甚远吗？"

"我说的不是这个。曾先生说：'晋国和楚国的财富我当然是比不过的。但是，他们有财富，我有仁；他们有爵位，我有义。我为什么要觉得不如他们而畏惧呢？'如果这番话不合于义，曾先生为什么要说呢？至少这也是一种活法吧。天下最尊贵的东西有三样：一是爵位，二是年龄，三是道德。在朝廷上，最重要的是爵位；在乡里，最重要的是年龄；而要想辅佐君主治理人民，最重要的是道德。这三样东西分别属于不同的秩序，拥有其中一样以后，怎么能忽视另外两样呢？所以，想要大有作为的君主，一定有一些作为客人对待的臣下，不对他们呼来唤去。如果有事情要共同谋划，就去臣下家里拜访。如果尊德重道不做到这种程度，是成不了大事的。汤王对待伊尹也是如此，先尊他为师，向他学习，然后再让他当臣下，所以汤王才会毫不费力地称王天下。齐桓公对管仲也是，先尊其为师，向他学习，然后再让他当臣下，所以才会毫不费力地成为霸主。如今，天下各国的领土都差不多，教化也没有差别，互相之间没有谁能超过谁。其原因不是别的，正是因为君主喜欢自己当臣下的老师，而不喜欢可以教导自己的人作臣下。汤王对伊尹，齐桓公对管仲，绝对不会呼来唤去。比伊尹差一些的管仲尚且不能被呼来唤去，连管仲都不想当的人怎么能被呼来唤去呢？"

【解说】

孟子与齐宣王产生不和的直接原因是感情上的龃龉。孟子认为，自己怎么说都是宣王的老师，所以宣王应该亲自到自己家来征询自己的意见。但是，孟子似乎也不好意思明确地提出这一要求，当宣王召见他时，他称病不去朝廷。孟子本来有事要去宫里谒见宣王，这时，宣王的使者来了，传宣王的话说，宣王因为感冒无法前来，如果孟子能到朝廷上去的话，宣王可以硬撑着上朝，二人可以在朝廷上面谈。孟子一直以来有一个宗旨，即就算受到召唤也不去宫里。如果他进宫，就违背了自己的宗旨，所以他以生病为由拒绝进宫。

次日，尽管有公孙丑的阻拦，孟子还是出门吊唁东郭氏。在他外出的时候，宣王派使者带了御医来看望他的病情。负责看家的孟仲子回答说："孟子的病稍微好点了，所以到朝廷去了。"然后慌忙派当差的去联络孟子，让他吊唁完了之后直接到朝廷去。然而，孟子听了之后不仅没有老老实实前往朝廷，反而住到了朋友景丑家里。景丑认为宣王已经很给孟子面子了，孟子却拘泥于自己的宗旨，跟宣王对着干、摆架子，所以他无法理解孟子的行为，便质问了孟子。景丑说，宣王已经表现出了足够的尊敬，身为臣子的孟子难道不应该也稍微表现出一点尊敬吗？对此，孟子回答说，他是宣王的老师，不是臣下，所以即使被宣王召唤也不会去朝廷的。如果是被召唤去陈述自己的意见的话，这种意见是得不到尊重的。所以，他是为了宣王、为了天下才不接受邀请的。

不过，原则归原则，孟子自负地认为自己会养浩然之气，是勇敢者（见《公孙丑章句上》）。他的行为会让人觉得有些孩子气，但这种男子气概在战国中期的侠客身上也能见到。与孔子那种稳健而又合时宜的行为相比，孟子的行为体现出很大的不同。他太过拘泥于一些微不足道的小事，引发了和宣王之间的感情不和。其实宣王对他来说是很重要的。这件事不仅是孟子的政治活动中的一起重大事件，也是理解孟子为人的一个重要故事。

回避责任

【五】

孟子谓蚔鼃^①曰："子之辞灵丘^②而请士师，似也，为其可以言也。今既数月矣，未可以言与？"蚔鼃谏于王而不用，致为臣^③而去。齐人曰："所以为蚔鼃，则善矣；所以自为，则吾不知也。"公都子^④以告。曰："吾闻之也：有官守者，不得其职则去；有言责者，不得其言则去。我无官守，我无言责也，则吾进退，岂不绰绰然有余裕哉？"

【注释】

① 齐国大夫。蚔是姓，鼃是名。"鼃"是"蛙"字的古代字形。

② 齐国地方上的一个城市，但相当于现在的哪里则众说纷纭。蚔鼃曾担任这个城市的长官。

③ 辞去官位。

④ 孟子的弟子之一。姓公都，名不详。

【译文】

孟子对蚔鼃说："您辞去灵丘的地方长官，提出要转任中央法院的长官，这很了不起，因为这是为了向齐国国王进谏言。不过，如今几个月过去了，您还没有找到进谏的材料吗？"

蚔鼃立刻向国王进谏，但是没被采纳，所以主动辞去了齐国的官位，离开了齐国。齐国人民议论说："孟子这个人，追究别人的责任倒是很在行，搞得蚔鼃辞职了。他自己在这件事上的责任，却装作不知道。"

公都子把这个情况报告给了孟子。孟子说："我听说过这样的话：'做官吏的人如果没能履行自己的职务，就应该辞职；有责任陈述意见的人，如果意见没被采纳，就应该辞职。'我不是官吏，既没有职务，也没有发言的责任，我的进退回旋余地足够大，这毫不奇怪。"

【解说】

孟子作为齐宣王的老师，更多地是将宣王作为弟子加以教导，而不是站在自由的立场上对宣王陈述意见。因为不是齐国的官吏，所以不用对宣王负起普通官吏需要负的责任。孟子的上述辩解是可以成立的。孟子与蚔鼃的关系如何呢？他们并非素不相识的路人，孟子应该是作为朋友对蚔鼃进行劝告。蚔鼃听从了孟子的劝告，然后引咎辞职了。虽然孟子可能没有政治上的责任，但作为朋友，不能说完全没有道义上的责任。然而，孟子看起来一副若无其事的样子。实际上，孟子的内心肯定是觉得对不起蚬鼍的。但一旦有人非难，他还是会挺身反驳。如果是孔子，肯定会给出尽情尽理的回答，而孟子则有点过于讲理，在情的方面有所欠缺。孟子在齐国失势的原因就潜藏在他的这种性格里。

孟子的一种性格

【十二】

孟子去齐。尹士①语人曰："不识王之不可以为汤、武，则是不明也；识其不可，然且至，则是干泽②也。千里而见王，不遇故去。三宿而后出昼③，是何濡滞也？士则兹不悦。"高子④以告。曰："夫尹士恶知予哉？千里而见王，是予所欲也；不遇故去，岂予所欲哉？予不得已也。予三宿而出昼，于予心犹以为速。王庶几改之。王如改诸，则必反予。夫出昼而王不予追也，予然后浩然有归志。予虽然，岂舍王哉？王由⑤足用为善。王如用予，则岂徒齐民安，天下之民举安。王庶几改之，予日望之。予岂若是小丈夫然哉？谏于其君而不受，则怒，悻悻然⑥见于其面。去则穷日之力而后宿哉？"尹士闻之曰："士诚小人也。"

【注释】

① 据说是齐国人。

② "泽"是恩泽。具体而言，就是追求薪俸。

③ 距齐国都城临淄西南方向不远的城邑。

④ 齐国人，孟子的弟子。

⑤ 同"犹"，仍然。

⑥ 形容胸襟狭小。

【译文】

孟子离开了齐国。尹士对人说："齐国国王并非商汤、周武王那样可以统一天下的人，孟君如果不知道这点，那是他没有见识。如果他知道这点，却还是来了齐国，那就是为了寻求国王的恩泽。千里迢迢来到齐国并谒见了国王，然后以性情不相投为由辞职离去，又在昼邑住了三晚之后才出发，这种行为真是太婆婆妈妈了。我不喜欢他这种做法。"

高子把这一批评传达给了孟子，孟子说："那个尹士岂能明白我。千里迢迢来到齐国谒见大王，这是我自愿的。但是，因为性情不相投而离开，这怎么会是我自愿的呢？我只是不得已而为之。至于他说的住了三天后才离开昼邑这个问题，从我的心情来说，还觉得住的时间太短了呢。说不定大王会改变主意呢？如果大王改变了主意，一定会把我召回去的。然而，我从昼邑出发之后，大王并没有追赶我，叫我回去。这时我才产生了一种海阔天空般的心情，起了回故乡邹国的念头。即使是这样，我也不能弃大王于不顾。大王仍然具有足以行善的素质。如果他能用我的话，不仅齐国人民可以得到太平，而且天下的百姓都可以获得太平。我每天都在祈祷，希望大王能回心转意。我怎么可能像那种小人物一样，一旦君主听不进谏言就把怒气都显露在脸上；一旦出发，就走一整天，直到走不动了再投宿呢？"

尹士听到别人传来的这番话，说："我真是一个小人。"

【解说】

孟子终于决定辞职回乡了。宣王想要挽留他，于是吩咐一个叫时子的人转告孟子，说是会进一步提高孟子的待遇。孟子说，他不是为了追求富贵才来到齐国的，断然拒绝了对方的提议，并准备离开齐国（这件事在原书第十章中有叙述，本书没有收录）。然而，已经干脆拒绝对方的孟子到了离开齐国时，居然在国都附近的昼邑逗留了三个晚上，表现出了依依不舍的态度。因此成为了尹士等齐国有识之士的笑柄。

对此，孟子难得地吐露出内心的真实想法。自己虽然痛快地告别了齐宣王，但在心里还是对他有感情的。虽然说了那样的话，但却心乱如麻，期盼着宣王派使者追赶自己，拉自己回去。外表看上去非常强硬的孟子，内心却有藏有如此柔情的一面。既然如此，那为什么不老老实实地说出自己的这种想法，接受宣王的挽留呢？这又是因为孟子的性格。孟子离开齐国时的心境在《告子章句下》中也有涉及（本书没有收录）。作为一个人来说，孟子身上有不少缺点。

第五卷　滕文公章句上

　　齐国是东方的大国，继齐威王之后登上王位的是齐宣王。而作为宣王的政治顾问，孟子一时间受到了厚待。不过，由于已知的原因，孟子最终和宣王失和，离开了齐国。离开齐国后，孟子下一步将会采取什么样的行动呢？这对于以齐、鲁为中心的东方学界来说，是一件值得瞩目的事。对有名的大国开明君主感到失望的孟子回到故乡邹国，看上去是从政界隐退了。但后来他又应老朋友滕文公之邀，试图在滕国恢复井田制这一古代的农业制度，并实施以此为基础的国家政策，将滕国这个小国变成理想的王国。这件事当然震惊到很多思想家，从下面的事实就可以看出：陈良这样的儒家学者、许行这样的农家学者等，都从南方大国——楚国——跑到滕国来，试图让滕文公实行自己的学说。我选择了含有孟子对滕文公提出的井田制方案在内的原书第三章，以及孟子与许行的弟子陈相进行争论的第四章。这两章在《孟子》中算是篇幅较长的，其中充满了孟子对自身思想的自信与使命感，另外也是了解他关于儒家理想社会的思想的重要资料。

井田制改革方案

【三】

滕文公问为国。孟子曰："民事不可缓也。《诗》云：'昼尔于茅，宵尔索绹；亟其乘屋，其始播百谷。'①民之为道也，有恒产者有恒心，无恒产者无恒心。苟无恒心，放辟邪侈，无不为已。及陷乎罪，然后从而刑之，是罔民也。焉有仁人在位，罔民而可为也？是故贤君必恭俭礼下，取于民有制。阳虎②曰：'为富不仁矣，为仁不富矣。'夏后氏五十而贡，殷人七十而助，周人百亩③而彻，其实皆什一也。彻者，彻也④；助者，藉⑤也。龙子⑥曰：'治地莫善于助，莫不善于贡。'贡者，校数岁之中以为常。乐岁，粒米狼戾⑦，多取之而不为虐，则寡取之；凶年，粪其田而不足，则必取盈焉。为民父母，使民盼盼然，将终岁勤动，不得以养其父母，又称贷⑧而益之，使老稚转乎沟壑，恶在其为民父母也？夫世禄，滕固行之矣。《诗》云：'雨我公田，遂及我私。'惟助为有公田。由此观之，虽周亦助也。设为庠序学校以教之。庠者，养也；校者，教也；序者，射也。夏曰校，殷曰序，周曰庠，学则三代共之，皆所以明人伦也。人伦明于上，小民亲于下。有王者起，必来取法，是为王者师也。《诗》云：'周虽旧邦，其命惟新'⑨，文王之谓也。子力行之，亦以新子之国。"使毕战⑩问井地。

孟子曰："子之君将行仁政，选择而使子，子必勉之！夫仁政，必自经界⑪始。经界不正，井地不钧，谷禄不平。是故暴君污吏⑫必慢其经界。经界既正，分田制禄可坐而定也。夫滕壤地褊小，将为君子焉，将为野人焉。无君子莫治野人，无野人莫养君子。请野九一而助，国中什一使自赋。卿以下必有圭田⑬，圭田五十亩。余夫二十五亩。死徙无出乡，乡田同井，出入相友，守望相助，疾病相扶持，则百姓亲睦。方里而井，井九百亩，其中为公田。八家皆私百亩，同养公田。公事毕，然后敢治私事，所以别野人也。此其大略也。若夫润泽之，则在君与子矣。"

【注释】

① 《诗经·豳风·七月》中的诗句。"绹"是绳子，"索"是将几股茅草搓成一股绳。"乘屋"就是把屋顶上旧的茅草等换成新的。

② 春秋末期鲁国季氏家的总管，孔子在世时，他曾独揽鲁国大权（见《论语·阳货》第一章）。

③ 亩是现在中国通行的亩的源头，不过这里所说的五十亩、七十亩、一百亩的实际面积已经无法准确地知道了。

④ 根据已故的加藤繁[1]博士的说法，"彻者，彻也"。一般被理解成同义反复，但他认为"彻"字应该按照其原本的意义加以解释。"彻"原本的意义是确定土地的边界、区划。加藤博士认为"彻"在这里是指用脚步实地丈量农田，并对实际的收获量进行实地调查，以此来确定税额（加藤繁《中国古田制之研究》《中国经济史考证》）。我认为彻法是根据周朝新确定的农田区划而制定的税法。具体而言，就是将农田分为两个区，实施复合税法。这两个区一个是"国"，也就是乡，指的是国都城墙内部和近郊，另一个是"野"，也就是六遂和都鄙，指的是乡外面的地区。

⑤ 借他人之力。

⑥ 据说是孟子的前辈学者，但详细情况不明。

⑦ 纵横交错地被扔在地上的样子。

⑧ 政府以高利息贷出谷物的制度。与唐代和日本王朝时代的出举制度类似。

⑨《诗经·大雅·文王》中的诗句。

⑩ 滕国的臣下。

⑪ "经"和"界"都是指边界，也就是田地的区划。

1　1880—1946年，日本的东洋史学者，主要研究中国经济史。著有《唐宋时代金银之研究》《中国经济史考证》等。

⑫ 贪婪的官员。

⑬ 有一种说法认为，这里的圭田指的是提供祭祀时用的谷物的田地，我认为不可靠。另外，还有一种说法认为圭田指没有被划为井田的多余的田地，我认为此说更正确。

【译文】

　　滕文公询问治理国家的心得。孟子说："人民工作时不能有片刻懈怠，正如《诗经》里唱的那样：'白天你出去割茅草，晚上你回来搓绳子，急急忙忙修葺屋顶，各种农作物的播种又要开始了。'人民的生活方式是：没有固定的生计就不可能有固定不变的精神；如果没有固定不变的精神，就会放荡不羁，干尽坏事。一旦他们犯了罪，就要审问他们并处以刑罚，这就等于撒网捕捉人民。有仁德的人在位，怎么可以撒网捕捉人民呢？因此，贤君一定要认真工作，不浪费，对臣下不能失礼，在向人民征税时，要根据规定，不超过限度。阳虎说'要积累财富，就无法变得仁慈；要想仁慈，就无法积累财富'，指的就是这点。下面我来讲一下古代的税制吧。夏朝时，每户人民分到五十亩田地，根据贡法来纳税。商朝时，每户分到七十亩田地，根据助法来纳税。周朝时，每户人民分到一百亩田地，根据彻法来纳税。不管是哪种税制，实际上的税率都是十分之一。所谓彻法，就是划定土地的边界，将其分为国与野两个区，是一种复合税法。所谓助法，就是借，借助人民的劳动力耕种公田。龙子说：'对农民实施的税制中，最好的是助法，最坏的是贡法。'所谓贡法，就是将数年间的收成加以平均，然后制定课税的标准。在丰收之年，到处都堆满了谷物，即使多收点税也完全不算残酷苛刻，但却反而只征收一点点。在歉收之年，再怎么施肥，农户的收成也不够，但却必须按规定的标准缴清税额。身为人民父母的一国之君让人民辛辛苦苦劳动了一整年，却连他们的父母都不让吃饱，然后又增加高利贷，最终，因为还不起借款，饿死的老人和孩子横尸在沟渠中。这样一来，君主作为人民父母的价值又在哪里呢？古代的制度中有一种叫世禄制度，即大官有固定的田租收入，而且是世袭的，这一制度在滕国早就恢复了。《诗经》中有一首周朝的诗唱道：'雨首先降到我们的公田里，然后再波及我们私有的田地。'因为公田只在助法里才有，由此看来，周朝实行的也是助法。实现了这一点之后，接下来就要建立庠、序、学、校这四种学校来教育人民。庠就是养，也就是培养的意思。校就是教的意思。序是射箭的意思。在夏朝称为校，在商朝称为序，在周朝称为庠。学在三个朝代都一样，都是告诉大家道义、秩序的地方。如果身处高位的统治者能够懂得道义、秩序，那么下层的人民应该也会受到感化。如果天下出现了真正的王者，一定会以滕国的制度为样板的。也就是说，滕国将成为王者的老师。《诗经》

里唱道：'周是一个古老的国家，但是收到了上天的命令，成了一个新的国家。'这是称赞文王振兴国家一事的。如果您努力实施这个政策的话，您的国家也将焕然一新。"

滕文公让使者毕战去询问井田制的事。孟子说："殿下打算实行仁政，并从百官中挑选了您作为使者，请您一定要准确无误地把我的话传达给殿下。实行仁政必须从划分田地着手。如果划分不准确的话，井田就会大小不等，作为俸禄的农作物收获量就会变得不公平。暴君和无耻、贪婪的官员一定会在划分田地这件事上敷衍了事。一旦划分准确了，那么分配田地和规定俸禄的工作就可以很轻松地完成。总的来说，滕国的领土面积比较狭小，是应该站在君子的立场上来考虑，还是应该站在农民的立场上来考虑呢？如果没有居住在城市里的贵族，也就是君子的话，就没有人来治理住在乡野的农民；如果没有农民的话，就没有人给君子提供食物，所以必须从双方的立场加以考虑。我的意见如下。首先，在乡野，也就是郊外地区实施助法，缴纳九分之一的税。而在国中，也就是城市地区，让大家自行申报并缴纳十分之一的税。自大臣以下的官吏都给予圭田，每人五十亩，家庭里的未成年人每人二十五亩。除非死亡或搬家，否则不能离开自己的乡。隶属于乡田中同一个井的人，平时出入时互为伙伴，战时则互相帮助，防御和侦察敌人，生病时互相救助，这样一来，农民们就能相亲相爱，团结在一起。把面积为一里[1]的田划分成井字形，每个井的面积是九百亩。以中央的一百亩作为公田，然后八个家庭各自占有其周围的一百亩作为私田，并共同耕种公田。而且，让他们在种完公田之后才能耕种私田。这样就可以区别君子和农民了。以上就是井田制的大概情况。至于怎么在实施时根据实际情况充实内容，就交给您和殿下了。"

【解说】

离开齐国回到故乡邹国的孟子，不久就接受了小国滕国国君的聘请。滕国国君文公自太子时代起就与孟子熟识。孟子原本抱有让齐宣王统一天下，实现王道国家的梦想，如今梦想已经破灭，孟子正处于失望的谷底。接受了滕文公的邀请后，他又燃起了新的希望。滕国是一个非常狭小的国家，与齐国等大国相比，几乎只有它们的一个县那么大。但是，如果将这个小国建设成理想国家，也许天下的大国会跟随它的做法，将其作为模范。这么想的孟子提出了以农村共同体为基础的井田制这一理想的农地改革方案。孟子在梁国和齐国的时候也曾零星地提出过这一改革方案，但并没有全面地加以推行。在梁、齐这

1　井田制一里为九百亩。古人借面积单位作为长度单位，随着商鞅变法废除井田制，一里的含义逐渐从长宽各三百步的面积单位变为三百步的长度单位。隋唐改一里为三百六十步，后沿用至明清未变。

样的大国，围绕在国王身边的贵族、富豪、大商人都是大地主。可以说以农村共同体为基础的农地改革在这种强大的国家里，原本就没有成功的希望。但是，在滕这样的小国，因为没有大地主的反对，也许有希望实现。因此孟子才汇报了井田制的改革方案。当然，孟子应该很清楚，要在整个中国实现这一改革只能是空想。不过他认为，如果是滕这样的小国，也许可以实现，因此仍然寄予了希望。孟子的井田制在战国时期最终没能实现，但是在整个中国的历史上，赋予了农地改革运动一个理想参照，催生了汉代的限田制、北魏至唐朝的均田制等各种改革方案。孟子的空想极大地影响了此后的中国政治家。

面对许行的农本思想

【四】

有为神农①之言者许行②，自楚之滕，踵门而告文公曰："远方之人闻君行仁政，愿受一廛而为氓③。"文公与之处。其徒数十人，皆衣褐④，捆⑤屦，织席以为食。陈良⑥之徒陈相与其弟辛，负耒耜而自宋之滕，曰："闻君行圣人之政，是亦圣人也，愿为圣人氓。"陈相见许行而大悦，尽弃其学而学焉。陈相见孟子，道许行之言曰："滕君，则诚贤君也；虽然，未闻道也。贤者与民并耕而食，饔飧⑦而治。今也滕有食廪府库，则是厉⑧民而以自养也。恶得贤？"孟子曰："许子必种粟而后食乎？"曰："然。""许子必织布而后衣乎？"曰："否，许子衣褐。""许子冠乎？"曰："冠。"曰："奚冠？"曰："冠素。"曰："自织之与？"曰："否，以粟易之。"曰："许子奚为不自织？"曰："害于耕。"曰："许子以釜甑爨，以铁耕乎？"曰："然。""自为之与？"曰："否，以粟易之。""以粟易械器者，不为厉陶冶；陶冶亦以其械器易粟者，岂为厉农夫哉？且许子何不为陶冶，舍皆取诸其宫中而用之？何为纷纷然与百工交易？何许子之不惮烦？"曰："百工之事，固不可耕且为也。""然则治天下，独可耕且为与？有大人⑨之事，有小人之事。且一人之身而百工之所为备。如必自为而后用之，是率天下而路也。故曰：或劳心，或劳力。劳心者治人，劳力者治于人；治于人者食人，治人者食于人，天下之通义也。当尧之时，天下犹未平，洪水横流，泛滥于天下。草木畅茂，禽兽繁殖，五谷不登，禽兽逼人，兽蹄鸟迹之道，交于中国。尧独忧之，举舜而敷治焉。舜使益掌火，益烈山泽而焚之，禽兽逃匿。禹疏九河⑩，瀹济⑪、漯⑫，而注诸海；决汝、汉，排淮、泗，而注之江⑬，然后中国可得而食也。当是时也，禹八年于外，三过其门而不入，虽欲耕，得乎？后稷⑭教民稼穑，树艺五谷⑮，五谷熟而民人育。人之有道也，饱食煖衣，逸居而无教，则近于禽兽。圣人有忧之，使契⑯为司徒，教以人伦：父子有亲，君臣有义，夫妇有别，长幼有序，朋友有信。放勋⑰曰：'劳之来⑱之，匡之直之，辅之翼之，使自得之，又从而振德之。'圣人之忧民如此，而暇耕乎？尧以不得舜为己忧，舜以不得禹、皋陶[19]为己忧。夫以百亩之不易为己忧者，农夫也。分人以财谓之惠，教人以善谓之忠，为天下得人者谓之仁。是故以天下与人易，为天下得人难。孔子曰：'大哉尧之为君！惟天为大，惟尧则之，荡荡乎民无能名焉！[20]君哉舜也！巍巍乎有天下而不与焉！'尧、舜之治天下，岂无所用其心哉？亦不用于耕耳。吾闻用夏变夷者，未闻变于夷者也。陈良，楚产也。悦周公、仲尼之道，北学于中国。北方之学者，未能或之先也。彼所谓豪杰之士也。子之兄弟事之数十年，师死而遂倍之。昔者孔子没，三年之外，门人治任将归，入揖于子贡，相向而哭，皆失声，然后归。子贡反，筑室于场，独居三年，然后归。他日，子夏、子张、子游以有若似圣人，欲以所事孔子事之，强曾子。曾子曰：'不可。江、汉以濯之，秋阳以暴之，皜皜[21]乎不可尚已。'今也南蛮鴃舌[22]之人，非先王之道，子倍子之师而学之，亦异于曾子矣。吾闻出于幽谷迁于乔木者，未闻下乔木而入于幽谷者。鲁颂曰：'戎狄是膺，荆舒是惩。'[23]周公方且膺之，子是之学，亦为不善变矣。""从许子之道，则市贾不贰，国中无伪。虽使五尺之童[24]适市，莫之或欺。布帛长短同，则贾相若；麻缕丝絮轻重同，则贾相若；五谷多寡同，则贾相若；屦大小同，则贾相若。"曰："夫物之不齐，物之情也。或相倍蓰[25]，或相什百，或相千万。子比而同之，是乱天下也。巨屦、小屦㉘同贾，人岂为之哉？从许子之道，相率而为伪者也，恶能治国家？"

【注释】

① 中国古代神话传说中的人物，据说是牛头人身。一般与伏羲、燧人合称三皇，被认为是最古老的有圣德的帝王之一。战国时期重视农业的农家学派假托神农的教诲来宣传自己的学说，出现了据称是神农所著的书。

② 祖述神农的战国时期农家学派的学者。

③ 乡野之人，也就是农民的称呼，不过在使用时一般与"民"同义。

④ 简朴的毛布或麻布。

⑤ 一边敲打，一边编织草鞋，使其变紧。

⑥ 韩非子认为陈良氏的儒是儒家的一个派别。

⑦ 煮饭。据说"饔"是早饭，"飧"是晚饭，不过在这里这两个字组成了惯用复合词，表示煮饭。

⑧ 同"病"。

⑨ 与君子一样，指道德水平很高的统治者，相对于"小人"而言。

⑩ 指古代时黄河分为很多条支流注入渤海湾。这可能是因为当时的治水还不彻底。

146

⑪ 济水。发源于河南省济源市，穿越黄河后，在黄河主干道南方与黄河并行流淌，在山东省流入渤海湾。在古代，它代替船只无法航行的黄河主干道成为了重要的交通运输路线。后来因为黄河下游的变迁而消失。

⑫ 漯水。以前是位于山东省朝城县边境的河流，也因为黄河河道的变化而消失了。

⑬ 汉指汉水，是流入长江的大河，不过现在的汝水、淮河、泗水并没有流入长江。禹在治水时具体是如何处理这些河流的，目前还不明确，不过根据古代的治水传说，禹挖掘了这些河流的河道，使它们流入了长江。

⑭ 周王朝的始祖。一般认为，他在尧帝在位时掌管农业，首次将农业教给了周民族。大概是周民族的农业神演变成了其祖神吧。

⑮ 指稻、黍子、稷、麦、菽。

⑯ 商朝的始祖。

⑰ 尧帝的名。

⑱ "来"是"勑"的省略。"劳"和"勑"都是"让……劳动，让……工作"的意思。

⑲ 舜在位时的法官。

⑳ 该句与《论语·泰伯》第十九章大体相同，不过，《论语》中始终在歌颂尧的德行，而孟子把"巍巍乎"后面的句子

稍微做了一些改动，用来歌颂舜的德行。

㉑ 形容雪白的样子。

㉒ "鴃"是伯劳鸟，鴃舌指像伯劳鸟叫那样的不明其意的外国人说的话。

㉓ 《诗经·鲁颂·闷宫》中的句子。

㉔ 古代的尺度较短，所以称小孩为五尺之童。

㉕ 五倍。

㉖ 指粗陋的草鞋和精巧的草鞋。

【译文】

宣传神农学说的许行从楚国来到滕国，到了宫门前，对滕文公说："我是远方国家的国民，听到传闻说殿下您在施行仁政，所以来到这里。请您给我一个住处，我想成为这个国家的国民。"

文公给了他一处住宅。他门下的数十人都穿着简朴的衣服，靠编织草鞋和席子为生。

陈良的弟子陈相及其弟陈辛一起背着铁锹从宋国来到滕国，对文公说："听说殿下在施行圣人的政治，既然是这样，那殿下自己也应该是圣人吧。请允许我们成为圣人的子民吧。"

陈相得到许可，在滕国住下了。他见到许行，对许行佩服得五体投地，于是完全放弃了自己的学说，开始跟许行学习。

陈相见到了孟子，向他传达许行的话。陈相说："滕国君主真是一位贤明的殿下，但是，他还不明白政治的道理。贤者在施行政治时应该跟人民一起耕作，然后收获粮食，自己做饭。如今滕国拥有储藏谷物的粮仓和收纳财物的库房，这是在损害国民的利益来养肥自己，怎么能成为贤君呢？"

孟子问道："许先生一定自己种粟并将其作为食粮吗？"

"是的。"

"许先生一定自己用麻布织衣服吗？"

"不，许先生穿毛织的衣服。"

"许先生戴冠吗？"

"戴。"

"是什么样的冠呢？"

"用白布做的冠。"

"是他自己织的吗？"

"不是，是用自己收获的谷物换来的。"

"许先生为什么不自己织东西呢？"

"因为会妨碍耕作。"

"许先生用釜和甑煮饭，用铁器耕田吗？"

"是的。"

"这些东西是他自己制造的吗？"

"不是，是用谷物换来的。"

孟子说："用谷物来交换工具，并不会给制陶工人和铁匠带来损失。反过来，制陶工人和铁匠用器具来交换谷物，怎么能说给农夫带来了损失呢？而且，许先生为什么不自己制造陶器和铁器，把这些器具储藏在家里使用，而是到处去和各种工匠们交换呢？为什么许先生交换时不怕麻烦呢？"

陈相回答道："本来各种工匠的工作就很复杂，无法一边耕作一边作为副业来从事。"

孟子说："既然这样，那统治天下这件工作也不能够和耕作同时从事的。有些工作需要身为统治者的大人来做，有些工作则需要身为被统治者的小人来做。一个人要想生存，需要用到所有工匠的产品。如果所有的用品都需要自己制造的话，就好比让天下人一直在马路上跑来跑去，会使他们疲惫不堪。俗话说：'既有脑力劳动者，也有体力劳动者。'脑力劳动者统治别人，体力劳动者被别人统治。被别人统治的人给别人提供粮食，统治别人的人靠别人提供粮食。这是放之四海而皆准的道理。以前尧帝在位的时候，天下还不安定，洪水越过河道，四处泛滥，草木繁茂；鸟兽大量繁殖，谷物却不结实，鸟兽威胁人类，中国大地上到处都是它们的足迹。尧帝特别担忧这件事，于是选派舜去统管治山和治水事业。舜让益负责火攻。益对山林沼泽的草木放火，鸟兽四下逃散并躲了起来，销声匿迹了。禹疏通了九条河流，引济水、漯水流入大海，又将汝水、汉水挖开缺口，还为淮河、泗水修建了排水道，使其流入长江。这样一来，中国的百姓终于可以种植谷物，收获粮食了。禹在治水时励精图治，离家八年，在外劳动，三次路过家门都没有进家门，他怎么会有时间自己耕作呢？后稷教给人民农业，让他们栽培谷物。谷物结实，人民也开始变得长寿。人之所以为人，其原因到底何在？即使吃得饱，穿得暖，住得舒适，但如果没有教育，人就和鸟兽没有区别。尧帝又担忧这件事，于是任命契担任司徒一职，让他教授人伦。于是，父子之间有了亲爱之情，君臣之间有了道义，夫妇之间有了男女的差别，长幼之间有了次序，朋友之间有了信义。尧帝说：'督促人民，使他们扭曲的心灵变得正直，帮助他们各自走上正确的道路，手把手地教导他们。'像尧这样的圣人也如此担忧人民，他怎么有闲暇耕作呢？尧忧虑的是找不到舜这样的人，舜忧虑的是找不到禹和皋陶这样的人。一般来说，农夫才会忧虑耕作不好百亩之田。将财物分给别人叫作惠，把善教给别人叫作忠，为天下找到人才叫作仁。把天下让给别人其实很容易，难的是为天下找到人才。孔先生也说：'尧这位君主真伟大啊！只有威严的天最伟大，也只有尧帝能够以天德为模范来做事。尧之道广阔无边，人民甚至找不到词语来形容。舜帝真是一位出色的君主啊！他堂堂正正地统治着天下，却对君位没有丝毫的迷恋。'尧、舜在统治天下时，不可能一点烦心事都没有，他们应该没有时间亲自从事耕作。我听说过用中国的文化来同化落后的蛮族，但是没听说过中国被落后的蛮族文化同化。陈良生于楚国，因为佩服周公、孔子的学说而北上到中国来学习，北方的学者都不如他，他才当得起豪杰之士的称呼。你们兄弟俩跟着陈良学习了几十年，他一去世，你们就背叛了他。以前，孔子去世之后，当三年的服丧期即将结束时，他的弟子们收拾行李准备回故乡，并进屋向子贡告辞。他们面对面地哭泣，直到嗓子都哭哑了，然后才离去。子贡又回头在孔子的墓地旁边搭了一间小屋，一个人住在这里，又过了三年才回到故乡。后来，子夏、子张、子游认为有若很像孔子，于是想要用侍奉孔子的礼节来侍奉有若，并强行要求曾子也加入他们。曾子说：'不行。就像用长江、汉水等大河之水洗过，用秋天强烈的阳光晒过而变得雪白的布一样，不能再进一步对其做什么了。'现在，许行这样的南方蛮族用鸟叫一样的方言来贬低往昔卓越的王道。你却背叛你的老师，去修习许行的学问，这与曾子的做法完全相反。我听说，鸟儿到了春天就会飞出山谷深处，停在高大的树木上，但却没听说过有从高大树木上飞到山谷深处去的鸟。《诗经》在歌颂鲁国祖先时说：'攻击北方的野蛮民族戎狄，打击南方的异民族荆舒。'连周公都要攻击他们，你却反而向他们学习，这样怎么能说是中国文化同化了落后国家呢？"

陈相说："如果听从许先生的学说，市场上的物价就可以统一，这样一来，整个国家就不会有假货，即使小孩子到市场上去，也不会被骗。如果布和绸缎的长度一样，价格就一样；如果麻线和棉线的重量一样，价格就一样；如果五谷的分量一样，价格就一样；如果草鞋的大小一样，价格就一样。"

孟子说："不同的东西有不同的质量，这是物品的自然属性。有的东西价格是别的东西的两倍、五倍，有的是十倍、百倍，有的则是千倍、万倍。你要将它们都变成同样的价格，会天下大乱的。如果把粗制滥造的草鞋和做工精致的草鞋统一成相同的价格，那商人怎么还会制作精致的草鞋呢？如果听从许先生的学说，就等于让天下人撒谎。这样怎么能治理国家呢？"

【解说】

孟子成为滕文公的顾问并指导其施行新政的消息，在中国东方的学者和思想家之间传开了。想要取代孟子向滕文公推销政治学说的学者们争先恐后地聚集到滕国。战国中期以后，被称为诸子百家的多种多样的思想家们为了寻求有理想的明君，展开着激烈的竞争。自称祖述古代圣人神农的学说的许行也是其中之一。认为农业是国家基础产业的农本主义思想在中国古代绝非罕见。我们可以认为，儒家也好，道家也好，甚至除了管子以外的法家的一部分也好，都是建立在这种农本主义思想上的。许行学派的特色在于，主张国君、官僚、学者和商人都应该自己挥洒汗水进行农耕，自己生产自己的粮食，然后以余力来从事其他工作，并且该学派实际践行了这一主张。可以说该运动试图通过回归自然劳作和朴素生活，纠正被商业主义荼毒，在大城市过着非自然的奢侈生活的统治者和大财主们的腐朽精神。许行的主张中包含着这样一种政策，即反对商业主义，对市场等流通机构加以统制，不管是精巧的鞋子还是粗陋的鞋子，同一种商品全部以同样的价格进行销售。这种政策似乎具有这样一种意图，即通过这种手段来废除奢侈品的生产，增加大众需要的单纯的实用物品的生产。

因为孟子自己相当奢侈，而且对以大城市为中心的商业社会持肯定态度，所以在这点上与许行的朴素主义正好相反。孟子反驳说，随着文化的进步和社会的发展，社会的分工是不可避免的，这种反驳非常有效。但是，对于许行试图以朴素的农民文化来使过度发展的文化，也就是腐朽的商业主义文化获得重生的精神，孟子完全缺乏理解。这篇长文的争论在孟子心中也具有重要的意义，不过对手不是许行，而是受其影响的儒家弟子陈相。遗憾的是许行思想的优点并没有得到充分的展现就结束了，只剩孟子一个人在滔滔不绝地讲述。许行的精神与1949年后新中国的下乡运动的精神也有关联，即在农忙期，高级官员、学者、作家和学生都奔赴地方支援农业。中国社会的古老传统在这里又复苏了，实在是一件很有意思的事。

第六卷　滕文公章句下

本卷原本由十章构成。孟子为什么又是以何种资格在齐、梁、滕、宋等国效力的呢？他与各国国王的君臣关系又是如何呢？他是以何种仪式谒见国王，而谒见又具有何种社会意义呢？孟子对这些进行了详细的说明。孟子认为，在齐国，他和国王不是君臣关系，他是作为帝师被请来的。我想为大家介绍第二章和第九章。在第二章中，孟子对张仪这个当时最有名的辩论家和大外交家不以为然，讲述了自己心目中的大丈夫应有的态度。在第九章中，他坦陈了将杨朱、墨翟的思想作为异端加以排斥的信念。从这两章可以领略孟子将儒家思想作为正统加以捍卫时迸发出的激情。

何谓真正的大丈夫

【二】

景春①曰："公孙衍②、张仪③岂不诚大丈夫哉？一怒而诸侯惧，安居而天下熄④。"孟子曰："是焉得为大丈夫乎？子未学礼乎？丈夫之冠也，父命之；女子之嫁也，母命之，往送之门，戒之曰：'往之女家，必敬必戒，无违夫子！'以顺为正者，妾妇之道也。居天下之广居，立天下之正位，行天下之大道⑤。得志与民由之，不得志独行其道。富贵不能淫，贫贱不能移，威武不能屈，此之谓大丈夫。"

【注释】

① 在孟子那个时代，有很多在各国间游走、扮演外交官角色的雄辩家，用当时的话来说叫作纵横家。景春就是其中之一。

② 魏国的纵横家。因为曾任犀首之官，所以也被称为犀首。据说入秦后被任命为大良造，游说各国与秦为伍，兼任五个国家的宰相。

③ 魏国人。在秦为官，游说六国以秦为盟主，加入秦国的联盟。与苏秦齐名，都是战国纵横家的代表人物，也是最优秀的雄辩家。

④ 停息，平息。

⑤ 在朱子的《四书章句集注》中，以广居为仁，正位为礼，大道为义，但是缺乏根据。

【译文】

景春问道:"公孙衍、张仪是真正的大丈夫吧。他们一旦发怒,诸侯都会战战兢兢;他们一旦安静,天下就会太平。"

孟子说:"这怎么能称为大丈夫呢?你难道还没有学过礼吗?男子在成人仪式上戴冠时,父亲会告诉他一些注意事项。女子结婚的时候,母亲会告诉她一些注意事项,把她送到门口,提醒她说:'到了那边之后,举止一定要谨慎,一定要打起精神,不能违背丈夫的命令。'像这样以顺从为正道的是妇女之道。而男子之道与此不同,要以天下为广阔的居所,站在天下的正当中,走天下的大道。如果能获得理想中的地位,则与人民一起实现道义;如果无法获得理想中的地位,则自己一个人去实现道义。不被富贵诱惑,不因贫贱而消沉,也不把威武当回事。这样的人才是真正的大丈夫。"

【解说】

孟子虽然也是雄辩家,但作为有理想的儒家学者,瞧不起只是嘴皮子厉害的纵横家。因此,当景春称赞公孙衍、张仪是大丈夫的时候,孟子进行了猛烈的反驳,这一章就是他们的对话。"居天下之广居"以下的部分讲述了大丈夫的气概,是大家耳熟能详的著名段落。

好辩的原因

【九】

公都子①曰："外人皆称夫子好辩，敢问何也？"孟子曰："予岂好辩哉？予不得已也。天下之生久矣，一治一乱。当尧之时，水逆行，泛滥于中国，蛇龙居之，民无所定。下者为巢，上者为营窟。《书》曰：'洚水警余。'②洚水者，洪水也。使禹治之。禹掘地而注之海，驱蛇龙而放之菹③。水由地中行④，江、淮、河、汉是也。险阻既远，鸟兽之害人者消，然后人得平土而居之。尧舜既没，圣人之道衰，暴君代作，坏宫室以为污池，民无所安息；弃田以为园囿⑤，使民不得衣食。邪说暴行又作，园囿、污池、沛泽⑥多而禽兽至。及纣之身，天下又大乱。周公相武王，诛纣伐奄⑦，三年讨其君，驱飞廉⑧于海隅而戮之。灭国者五十。驱虎、豹、犀、象而远之。天下大悦。《书》曰：'丕显哉，文王谟！丕承者，武王烈！佑启我后人，咸以正无缺。'⑨世衰道微，邪说暴行有作，臣弑其君者有之，子弑其父者有之。孔子惧，作《春秋》⑩。《春秋》，天子之事也。是故孔子曰：'知我者其惟《春秋》乎！罪我者其惟《春秋》乎！'圣王不作，诸侯放恣，处士⑪横议，杨朱⑫、墨翟⑬之言盈天下。天下之言，不归杨，则归墨。杨氏为我，是无君也；墨氏兼爱，是无父也。无父无君，是禽兽也。公明仪曰：'庖有肥肉，厩有肥马，民有饥色，野有饿莩，此率兽而食人也。'杨墨之道不息，孔子之道不著，是邪说诬民，充塞仁义也。仁义充塞，则率兽食人，人将相食。吾为此惧，闲^⑭先圣之道，距杨墨，放淫辞，邪说者不得作。作于其心，害于其事；作于其事，害于其政。圣人复起，不易吾言矣。昔者禹抑洪水而天下平，周公兼夷狄，驱猛兽而百姓宁，孔子成《春秋》而乱臣贼子惧。《诗》云：'戎狄是膺，荆舒是惩，则莫我敢承。'无父无君，是周公所膺也。我亦欲正人心，息邪说，距诐行，放淫辞，以承三圣者。岂好辩哉？予不得已也。能言距杨墨者，圣人之徒也。"

【注释】

① 公都是姓，名和，字不详。孟子的弟子。

② 现存的《尚书》中没有这句话，因此可能是汉代以后亡佚的篇章中的句子。

③ 长草的沼泽地。

④ "地中"的意思不明确。自朱子的《四书章句集注》以来，都将"地中"理解为河道。据说这句话的意思是泛滥的洪水沿着被疏浚过的旧河道流走，但我不太明白。

⑤ "园"是果园，"囿"是饲养鸟兽的用篱笆围起来的苑。此处指将山野包围在内、面积巨大的国王的离宫。

⑥ 一半被水覆盖、一半长草的沼泽地，也就是半干半湿的泥潭。

⑦ 奄是以淮河流域为中心的被称为淮夷的东方异民族的一支，

原为鲁国都城的山东省曲阜市附近有奄城，据说奄族的一部分人曾经居住在这里。孟子认为是武王征服了奄国，但根据《左传》等书，征服奄国的是武王的儿子成王。

⑧《史记》中写作"蜚廉"，是同一个人。他的儿子叫恶来。飞廉是孔武有力的勇士，擅长奔跑，他和恶来一起作为商纣王的爪牙把中国搞得一团糟。恶来和纣王一起被周武王杀死了，不过飞廉靠着他的奔跑能力保住了性命。孟子则说飞廉被周武王杀死了，两种说法不同。

⑨《尚书》的佚文，但不清楚是哪篇里的句子。《伪古文尚书·君牙》中收入了这段话，但并没有什么根据。

⑩ 据传是孔子对鲁国的编年史《春秋》加以增删后编纂而成的。

⑪ 不在朝廷做官而居于家中的知识分子。

⑫ 杨朱也被称为杨子、杨子居、阳生等。据说姓杨，名朱，字子居。杨朱一派的学说只是受到孟子、庄子、韩非子的批评，具体内容不明。侯外庐等人在《中国思想通史》中发现，《吕氏春秋》中的"本生""重己""贵生""情欲"这四篇的内容是关于杨朱学说的。（参见拙著《诸子百家》，岩波新书，137—142页。）

⑬ 墨子。从孔子去世那年前后，也就是公元前480年左右到公元前395年左右在世的思想家。（参见前揭《诸子百家》34—64页。）

⑭ 防护，守护。

【译文】

　　公都子问道："外面人都说先生您喜欢辩论，为什么您好辩呢？"

　　孟子说："我怎么会喜欢辩论呢？我只是不得已才进行辩论的。人类社会产生后已经过了很久了。刚刚太平没一会儿，就又陷入乱世，一直处于这种循环往复中。即使在尧帝的时代，也是河水逆流，各处泛滥，大地成了龙、蛇的栖身之地，人民找不到可以安心居住的地方。身处低地的人在树上搭巢居住，身处高地的人则挖出洞穴居住。《尚书》中说'泽水警告我'，所谓泽水，就是指洪水。尧命令禹挖掘土地，使洪水流入大海，并将龙、蛇赶入沼泽地里。水沿着挖掘出来的河道流走了，这些河道就是今天的长江、淮河、黄河、汉水。洪水的危机已经远去，危害人类的鸟兽也没有了，人们终于可以住在平原上了。尧、舜去世之后，圣人之道衰微，暴君层出不穷。他们让人民搬离住所，在里面挖池塘，人民因此失去了可以安心休息的地方。他们破坏农地，将其变为别墅、庭园，人民因此被剥夺了获取衣食的途径。随之而来的是，谬论和暴力开始流行起来。因为别墅、庭园、池沼、灌木丛、荒地变多了，所以鸟兽又开始出现在人的居所附近。到了商纣王的时代，天下又爆发了大乱。周公帮助哥哥武王消灭了纣王，又讨伐奄国，三年后杀死了奄国的君主，并把残暴的飞廉赶到海边，斩杀了他。他们一共灭掉了五十个国家，还把老虎、豹子、犀牛、大象等猛兽赶到远处去了，因此天下的人民非常高兴。《尚书》中说：'文王那光辉闪耀的宏伟计划和继承者武王的丰功伟绩完美无瑕，为我们这些子孙后代指出了今后应该走的路。'后来，周朝的太平之世又衰败了，文王和武王之道也式微了，臣下杀害君主，儿子杀害父亲。孔子对此感到非常忧虑，于是写出《春秋》这部史书。书写《春秋》原本属于天子的职权，所以孔子说：'如果有人了解我的真意，那应该是因为《春秋》这本书；如果有人要追问我的责任，那也应该是因为《春秋》这本书。'此后，具有圣德的君王再也没有出现过，诸侯一味我行我素，民间的学者则大放厥词，杨朱、墨翟的学说风靡天下，天下的学问不是源于杨朱就是源于墨翟。杨氏做事只为自己，这是目无君主。墨氏一视同仁地爱他人，这是目无父亲。目无父亲，目无君主，这是鸟兽所为。公明仪说过：'君主的厨房里挂着肥肉，马厩里拴着肥壮的马，但人民面有饥色，饿殍遍野，这是让兽类来吃人啊。'如果杨、墨的学说不衰微的话，孔子的学说就不会盛行。荒谬的观点在蛊惑人民，妨碍仁义。一旦仁义受到妨碍而无法施行，兽类就会吃人，人也会吃人。我因为忧虑这件事，所以想要守护已经去世的圣人孔子的学说，与杨、墨的学说对抗，肃清那些谬论，防止持有荒谬观点的人出现。因为一旦心里有了荒谬的想法，就会给日常的工作带来害处；而给日常工作带来害处，就会给政治也带来害处。就算圣人孔子出现在这个世界上，应该也不会说我的观点是错的吧。以前，禹王治理了洪水，天下才太平。周公征服了夷狄等异族，驱除了猛兽，人民才安心。孔子写出了《春秋》，乱臣贼子才有所害怕和顾忌。《诗经》中吟咏道：'如果攻击戎狄之族，击杀荆舒之族，就没人能对抗我了。'像眼里无父无君的杨、墨这种人，周公一定会讨伐的。我想要端正人心，制止荒谬的观点，阻挠偏激的行为，肃清谬论，继承禹、周公和孔子这三位圣人的道理。我并不是喜欢辩论，而是不得已才进行辩论的。只有能够以辩论有效地对抗杨、墨学说的人，才是圣人的门徒。"

【解说】

　　这一章是孟子面对世人指责他喜欢辩论而做出的反驳，或者说是申辩。对着破坏国家和家庭秩序的乱臣贼子，孔子写出了《春秋》，对他们加以警告。孟子有一个信念，那就是继承孔子的这种精神，对当时，也就是战国时期的流行思想——建立在感觉论基础上的杨朱的利己主义和建立在实用主义基础上的墨子的博爱主义——进行抵抗和反击；把抵抗和反击杨、墨之流作为自身学者的使命。在这一章中，孟子陈述了这一信念。

孟子解释说：自己不是为了辩论而辩论，而是为了打倒风靡天下的杨、墨的邪说，不得不借用辩论的力量。作为继承了孔子学说的门徒，这是理所当然的义务。

第七卷　离娄章句上

这一卷共计由二十八章构成，不过出现对话对象名字的仅有四章：淳于髡（第十七章）、公孙丑（第十八章）、乐正子（第二十四章）等，其他章都是以"孟子曰"开头，没有对话者。

此前的六卷中，对话者都很明确，基本上是按照孟子生平的历史顺序排列的。但是，从这卷开始，由于不知道对话者是谁，无法按照年代顺序加以排列，所以只是把弟子们记忆中的孟子的话语作为补遗加以编纂而成。

尤其是像第三章（原书第五章）、第八章（原书第二十一章）、第九章（原书第二十三章）那样，仅仅只有十个字到二十个字左右的简短的、片段式的章节很多，这是其特征。其原因可能是弟子们没有用于备忘的笔记本，只是回忆出留存在脑中的孟子的话语并将其拼凑起来。

政治的规矩准绳

【一】

孟子曰："离娄①之明，公输子②之巧，不以规矩，不能成方员；师旷③之聪，不以六律④，不能正五音⑤；尧舜之道，不以仁政，不能平治天下。今有仁心仁闻，而民不被其泽，不可法于后世者，不行先王之道也。故曰：'徒善不足以为政，徒法不能以自行'。《诗》云：'不愆不忘，率由旧章。'⑥遵先王之法而过者，未之有也。圣人既竭目力焉，继之以规矩准绳，以为方员平直，不可胜用也；既竭耳力焉，继之以六律，正五音，不可胜用也；既竭心思焉，继之以不忍人之政，而仁覆天下矣。故曰：'为高必因丘陵，为下必因川泽。'为政不因先王之道，可谓智乎？是以惟仁者宜在高位。不仁而在高位，是播其恶于众也。上无道揆也，下无法守也，朝不信道，工不信度，君子犯义，小人犯刑，国之所存者幸也。故曰：'城郭不完，兵甲不多，非国之灾也；田野不辟，货财不聚，非国之害也。'上无礼，下无学，贼民兴，丧无日矣。《诗》曰：'天之方蹶，无然泄泄。'⑦泄泄，犹沓沓也。事君无义，进退无礼，言则非先王之道者，犹沓沓也。故曰：'责难于君谓之恭，陈善闭邪谓之敬，吾君不能谓之贼。'"

【注释】

① 黄帝的臣下，也叫离朱。有一个传说提到，黄帝弄丢了珠

子，然后让视力好的离娄去寻找它。所以这里将其作为视力好的代表列举了出来。

② 名般，也被称为鲁班，鲁国人。比孔子小，但比墨子大。作为木匠，他的技艺受到大家的盛赞，当楚惠王进攻宋国时，他制造了攻城用的大型梯子——云梯。见《墨子》。

③ 晋平公手下的乐师，旷是名。他不单单是音乐师，而且还熟悉典故，因此担任了平公的政治顾问。

④ 指用来作为测量音高基准的六支定音笛，即太蔟、姑洗、蕤宾、夷则、无射、黄钟。

⑤ 指中国古代的五个音阶：宫（do）、商（re）、角（mi）、徵（sol）、羽（la）。

⑥《诗经·大雅·假乐》中的句子。

⑦《诗经·大雅·板》中的句子。据说"蹶"就是"动"，"泄泄"就是喋喋不休地唠叨的样子。

【译文】

孟子说："即使是像离娄那样视力很好，公输般那样技巧出众的人，如果没有尺子和圆规，也无法画出正方形和圆形。即使拥有师旷那样的听觉，如果没有六律定音笛，也无法准确地奏出宫、商、角、徵、羽这五个音阶。即使有尧、舜之德，如果不凭借以仁为基础的政治制度，也无法把天下治理太平。

现在有些君主虽然有仁爱之心，也被世人称赞为仁爱之君，但人民却受不到他的恩泽，他也无法成为后世的模范，这是因为他没有实行以往的圣王之道，也就是仁政。所以说：'不能仅仅靠善意来施行政治，也无法仅仅依靠法律来实施法律本身。'《诗经》中唱道：'遵守旧规定，不要弄错，不要忘记。'遵守古老的圣王之法，就不会有人犯错误。圣人穷尽了自己的视力，但还需要借助圆规、尺子、水平仪、墨绳等工具，才能制造出完整无误的正方形、圆形、平面、直线等。他们穷尽了自己的听力，但还需要用定音笛的六律来测音，才能准确无误地发出五音音阶。他们竭尽了所有的智慧，但还需要施行诉诸同情心的政治，其仁恩才会遍及天下的各个角落。所以谚语说：'要想营造高台，就必须选择自然的丘陵。要想挖出宽阔的池塘，就必须选择自然的河流和沼泽地。'施行政治不遵从往昔的圣王之道的人不能叫作聪明人。因此人们才会说：'只有仁者才应该身处高位。'如果不仁之人当了君主，他会把败坏的道德散布到民众中。如果身处高位的人违背道义，身处低位的人不遵守法律的话，为朝廷效力的人就会对道义产生怀疑，工匠就会对尺度产生怀疑，贵族就会背离正义，人民就会触犯刑律。这种情况下国家如果还能存在，那真是万分的幸运。因此人们都说：'城墙不完整，缺乏武器和甲胄不是国家的烦恼；农地没有开垦，没有财富流入不是国家的烦恼。'如果身处高位的人不讲礼法，身处低位的人违背教导的话，就会爆发人民叛乱，国家立刻灭亡。《诗经》中唱道：'天运将要动了，你在那儿喋喋不休些什么呢！'喋喋不休就是话多啰唆（沓沓），指的是侍奉君主时违背情理，行为不合礼法，一张嘴就责难以往的圣王之道。具体而言，有下面几句话：'推使君主实行困难的事情叫作恭，进谏、反对异端学说叫作敬，认定自己的君主做不到而放任不管叫作贼。'所谓沓沓，就相当于贼。"

【解说】

无论是五官感觉多么好的人，如果不凭借尺子、圆规、定音笛等工具，也无法画出正确的方形和圆形，无法获得准确的音阶。同样，天下的政治如果不凭借先王遗留下来的仁政，即不忍人的政治制度，也不可能顺利地施行，这就是孟子的结论。他说，仅仅在主观上具有施行善政的意志还不够，必须要有作为客观标准的制度——仁政。可以说这是孟子通过独特的比喻和运用类推法获得成功的一个很好的例子。

修身的心得

【四】

孟子曰："爱人不亲反其仁，治人不治反其智，礼人不答反其敬。行有不得者，皆反求诸己，其身正而天下归之。《诗》

云：'永言配命，自求多福。'①"

【注释】

①《诗经·大雅·文王》中的句子。因为郑玄[1]的解释很好地契
　合了孟子的论点，所以此处采用了他的解释。

【译文】

　　孟子说："爱别人，但别人却跟自己不亲密，这时要反省
一下，是不是自己的仁爱有什么做得不够的地方。统治别人，
却无法让别人听从自己的命令，这时要反省一下，是不是自己
的智慧还不够。对别人表达敬意，但对方却没有回礼，这时要
反省一下，是不是自己表达敬意的方式有什么问题。当自己的
任何行为得不到预期效果时，都要反省自己的做法。如果自己
的行为正确的话，天下人都会跟随自己。《诗经》里不是这样
歌唱的吗？'如果行为永远都能合乎天命，无限的幸福就会随
求随到。'"

【解说】

　　当自己的好意没有得到别人的回报时，反省自己是否有过

1　127—200年，东汉经学家，字康成。北海高密（今属山东）人。以古文经说为
主，兼采今文经说，遍注群经，成为汉代经学的集大成者，称郑学。

失是一件很不容易的事。这是孔子和曾子，特别是曾子传至后世的修身的基本心得。

政治家的坏毛病

【五】

　　孟子曰："人有恒言，皆曰：'天下国家。'天下之本在国，国之本在家，家之本在身。"

【译文】

　　孟子说："有一些口头禅，例如：'天下，国家。'那人们是否知道，天下的基础在于国，国的基础在于家，家的基础在于自己呢？"

【解说】

　　现代的政治家也是张口闭口在说世界、国家之类的大话，但对自己的行为却避而不谈。不管是孟子那个时代还是现代，政治家好像都是这副样子。

得民心

【九】

　　孟子曰："桀、纣之失天下也，失其民也；失其民者，失其心也。得天下有道：得其民，斯得天下矣；得其民有道：得其心，斯得民矣；得其心有道：所欲与^①之聚之，所恶勿施尔也。民之归仁也，犹水之就下、兽之走圹也。故为渊敺^②鱼者，獭也；为丛敺爵者，鹯也；为汤武敺民者，桀与纣也。今天下之君有好仁者，则诸侯皆为之敺矣。虽欲无王，不可得已。今之欲王者，犹七年之病求三年之艾^③也。苟为不畜，终身不得。苟不志于仁，终身忧辱，以陷于死亡。《诗》云：'其何能淑，载胥及溺'^④，此之谓也。"

【注释】

① "与"在此用法同"为"。

② 同"驱"。驱逐、驱赶之意。

③ 一般认为，用于灸治的艾被晾干的年月越长，质量越好。保存了三年的陈艾是质量最好的。

④《诗经·大雅·桑柔》中的句子。"淑"是"好"，"胥及"是"相与，共同"的意思。

【译文】

　　孟子说："暴君桀、纣之所以会失去天下，是因为他们失去了人民。所谓失去人民，指的是失去了民心。要想获得天下，有一个办法，那就是得到人民，这样的话马上就能得到天下。要想得到人民，有一个办法，那就是获得民心，这样的话就能得到人民。要想获得民心，有一个办法，那就是为他们收集他们想要的东西，并且不把他们厌恶的东西强加给他们，只要这样就行了。人民被仁德吸引，就像水往低处流，野兽奔向广阔的原野一样。把鱼赶到深潭里去的是水獭，把麻雀赶到茂林中去的是老鹰，把人民赶到商汤、周武王那边去的是夏桀和商纣。现在，天下的君主中如果有喜欢仁政的，诸侯一定会把人民都赶到这位君主身边去的。就算再怎么不想当天下的王，也是不可能的。而现在想要当王的人，就像为了治好持续了七年的老毛病，要找已经晾了三年的陈艾一样，如果不从平时就开始积蓄，那么一直到死都无法得到陈艾。如果不把仁政放在心上，那么终生都会提心吊胆，唯恐受辱，直至死去。《诗经》中咏道：'那种行为好在哪里？只不过是一起淹死罢了。'说的就是这一情形。"

【解说】

孟子说政治就是得民心，这一观点同样也适用于现代政治。催生出这种政治思想的是战国时期的大型城市国家，特别是梁、齐之类的发达国家、文化国家的政治环境。

自暴与自弃
【十】

孟子曰："自暴者，不可与有言也；自弃者，不可与有为也。

言非礼义，谓之自暴也；吾身不能居仁由义，谓之自弃也。仁，人之安宅也；义，人之正路也。旷安宅而弗居，舍正路而不由，哀哉！"

【译文】

孟子说："如果对方是自己损害自己的自暴者，跟他们谈不出什么有价值的话。如果对方是自己放弃自己的自弃者，跟他们做不出什么有价值的事。一开口就破坏礼仪是自暴。认为自己没有能力基于仁和义来行事是自弃。所谓仁，就是人们居住的舒适住房。所谓义，就是人们行走的大道。空着舒适的住房不住，放着大道不走，这是多么可怜的人呀。"

【解说】

将仁比喻成人们舒适的住房，将义比喻成大道，这不是单纯的比喻，而是来自于这样一种态度，即试图在日常生活中也对仁义这样的崇高理想加以思考。从中可以看出孟子身为大都市居民的思维之优越。

诚者天之道

【十二】

孟子曰："居下位而不获于上，民不可得而治也。获于上

有道：不信于友，弗获于上矣。信于友有道：事亲弗悦，弗信
于友矣。悦亲有道：反身不诚，不悦于亲矣。诚身有道：不明
乎善，不诚其身矣。是故诚者，天之道也；思诚者，人之道也。
至诚而不动者，未之有也；不诚，未有能动者也。"

【译文】

　　孟子说："下级官员如果得不到上级的信任，就无法很好
地治理人民。要想得到上级的信任有方法，但如果无法获得同
僚的信任，要想让上级满意是很难的。想获得同僚的信任也有
方法，但如果侍奉父母而不能让其满意，是无法获得同僚信任
的。想让父母满意有方法，但如果不反省自己，不以真诚之心
对待父母的话，父母是不会满意的。想自我反省，拥有一颗真
诚的心，有方法，但如果不清楚什么是善的话，是无法拥有真
诚的心的。因此，只有真诚的心才是自然的法则，也就是天之
道。抱着一颗真诚的心去努力是人类的法则，也就是人之道。
如果有一颗非常真诚的心，就不可能有人不被打动。如果没有
一颗真诚的心，就不可能有人被打动。"

【解说】

　　把诚，也就是真诚的心当作支配自然和人类社会的法则，
是自孔子以来，经过曾子、子思，一直传到孟子的儒家的道德哲

学。孟子独特的构思在于从现实问题引出了这一话题，即如何才能让上司满意，这是一个所有人都想知道的秘诀。让上级满意的人中，很少有在同僚和下属中受欢迎的，这是现实。在朋友中受欢迎的人，很少有让父母满意的，这也是现实。我认为，把现实中不可能的事情变为可能的意志力是诚的本质，不过这与孟子的信条——诚，即善意起支配作用——应该是格格不入的。

如何观察一个人

【十五】

孟子曰："存①乎人者，莫良于眸子②。眸子不能掩其恶。胸中正，则眸子瞭③焉；胸中不正，则眸子眊焉。听其言也，观其眸子，人焉廋④哉？"

【注释】

① "存"与"在"通用。"在"是"察"的意思，也就是观察别人。

② 眼睛。

③ 同"明"。

④ 同"匿"。

【译文】

孟子说："要想观察一个人，最好的办法是看他的眼睛，因为眼睛无法隐藏一个人的恶念。如果心中的想法是正确的，眼睛就是清澈的；如果心中的想法不正确，眼睛就是浑浊的。听一个人讲话的同时观察他的眼睛，他就无法完全隐藏他心中的所思所想。"

【解说】

这段话是对孔子所说的"视其所以，观其所由，察其所安，人焉廋哉"（《论语·为政》第十章）的进一步发挥。战国时期，通过面相来辨别人的性格，预测人的命运的做法非常流行。孟子受其影响，主张一定要通过重点观察人的眼神来看穿其性格。

偶然之妙

【二十一】

孟子曰："有不虞之誉，有求全之毁。"

【译文】

孟子说："有些行为会受到出乎意料的表扬。而有时自以为做得很完美了，却会受到非难。"

【解说】

在历史和现实方面积累了深厚经验的孟子，巧妙地道出了偶然性常常决定命运这一事实，算是妙语。朱子将其解释为不要太在意他人的毁誉，这就太过于偏重教训了，没有准确地把握孟子的原意。

人的缺点

【二十三】

孟子曰："人之患在好为人师。"

【译文】

孟子说："人都有一个缺点，那就是动不动就想当别人的老师。"

【解说】

想要成为别人的老师可以理解成对别人讲述自己的学说，并试图将其强加给对方；也可以理解成当对方露出厌恶的神色或是对此漠不关心时，就不能再得意扬扬地讲述自己的观点了。这句忠告真是意味深长。

第八卷　离娄章句下

离娄篇的特点已经在《离娄章句上》的解说中说明过了，那就是有很多比较简短的、片段式的章节，而且与孟子对话的人的名字很少出现。这一卷原本由三十三章构成，我在此收录了十一章，其中论述了何谓性的本体等问题，是孟子的哲学思考的相当重要的部分。

三有礼

【三】

孟子告齐宣王曰："君之视臣如手足，则臣视君如腹心；君之视臣如犬马，则臣视君如国人；君之视臣如土芥，则臣视君如寇雠①。"王曰："礼，为旧君有服，何如斯可为服矣？"曰："谏行言听，膏泽②下于民；有故而去，则君使人导之出疆，又先于其所往；去三年不反，然后收其田里。此之谓三有礼焉。如此，则为之服矣。今也为臣，谏则不行，言则不听，膏泽不下于民；有故而去，则君搏执之，又极之于其所往；去之日，遂收其田里。此之谓寇雠。寇雠何服之有？"

【注释】

① 仇敌。

② 如油脂湿润物体一般，施以恩惠。

【译文】

　　孟子对齐宣王说："如果君主把臣下当成自己的手足，那么臣下就会把君主当成自己的腹胸。如果君主把臣下当成犬马，臣下就会把君主当成毫无关系的他人。如果君主把臣下当成尘芥，臣下就会把君主当成仇敌。"

　　宣王问道："礼制中有这样一条规定，即作为臣下，以前侍奉过的君主死去时，需要为其服丧。为什么需要为以前的君主服丧呢？"

　　孟子回答道："臣下的谏言如果被君主采纳了，那么其恩惠就会泽及百姓。这样的臣下如果因为正当理由而辞官离开该国的话，君主会派使者给臣下带路，让其离境，还会事先通报臣下将要去的国家，让他们提供方便。如果臣下离开该国三年后还不回来，才征用他曾经拥有的土地与住宅。这种处置方法叫作'三有礼'。只有为这样的旧君主才需要服丧。如今的臣下即使进谏，君主也不实行；即使提意见，也不被采纳，因此其恩惠无法泽及百姓。一旦臣下因为某种理由要离开该国，君主不仅想要把他抓起来，还对他将要去的国家提出抗议，使他无法做官。而且在他离境的当天就征用他的土地和住宅。这是把旧臣当成'仇敌'。对于把自己当成仇敌的旧君主，有什么理由为他服丧呢？"

【解说】

孟子的这段话是结合现实，把孔子对齐景王说的"君君，臣臣，父父，子子"（《论语·颜渊》第十一章）这句话做了通俗易懂的说明。

战国时期，七个强国处于对峙状态，有能力的臣下一旦待遇不好，就会立刻辞职，去别国做官，并对此毫不在意。据说有些坏心眼的君主会在君臣缘尽之后，立刻征用臣下的住宅等。不仅如此，还会阻碍臣下在将要前往的国家做官。孟子警告说，如果君主这么对待臣下的话，这笔账最终一定会算到他头上的。

【十】

孟子曰："仲尼不为已甚①者。"

【注释】

① "已"也是"甚"的意思。

【译文】

孟子说："孔子大人不做过火的事情。"

孟子的大人观

【十一】

孟子曰："大人①者，言不必信，行不必果，惟义所在。"

【注释】

① 身为王、诸侯等民众首领，同时又具备了应有的德行的人。

【译文】

孟子说："大人身为领袖，对于自己说过的话，不一定全部遵守；对于做了一半的事情，也不一定做到最后。只要按照当时当地的道义来做就行了。"

【解说】

天子、国王、诸侯等身负重任的人在履行职务时，其行为有时不一定受个人道德的约束，孟子的话是正确的。作为统治者，在为国家、团体做事时，有时不得不无视个人的信义。但无须赘言的是，这种行为只允许在有限的场合进行，不能滥用。

【十二】

孟子曰："大人者，不失其赤子之心者也。"

【译文】

孟子说："位居人上的大人，是尚未失去婴孩心情的天真烂漫之人。"

【解说】

上一章中认为，根据政治状况的变化，大人有时甚至非变节或背叛不可。但在这章中，又认为大人一定不能失去赤子之心。

有人可能会认为这是明显的自相矛盾，但我的解释是：孟子认为，能够以婴儿一般的纯真之心去进行政治变节和背叛的人才能获得原谅。

君子的求道

【十四】

孟子曰："君子深造①之以道，欲其自得之也。自得之，则居之安；居之安，则资②之深；资之深，则取之左右逢其原，故君子欲其自得之也。"

【注释】

① 同 "致"。

② 同 "取"。

【解说】

孟子说："君子在求道时之所以不断地深入探索，是因为他自己想要领会道。一旦领会了，就可以坚守它。坚守了，就可以从很深的根源处汲取知识。这样一来，即使是身边常见的事物，也可以立刻追溯出其根源。这些事都是因为君子想要自己领会道，所以才能做到的。"

【十八】

徐子①曰："仲尼亟称②于水，曰'水哉，水哉！'何取于水也？"孟子曰："源泉混混，不舍昼夜。盈科而后进，放乎四海。有本者如是，是之取尔。苟为无本，七八月之间雨集，沟浍皆盈，其涸也，可立而待也。故声闻过情，君子耻之。"

【注释】

① 徐辟。孟子的弟子。

② 孔子称赞水的话在《论语》中只有"子在川上，曰：'逝者如斯夫！不舍昼夜'"（《子罕》第十七章）这一句。也许以前曾经有某个版本的《论语》在这一句的开始多了"水哉，水哉"。从孟子的解释来看，我们有理由这么想象。

【译文】

徐子问道："孔先生经常称赞水，说：'水啊，水啊！'他称赞的是水的哪个方面呢？"

孟子说："从源头流出的泉水咕嘟咕嘟地流淌，昼夜都不停息，填满了低洼继续向前流淌，最后到达大海。根源牢固的东西都是这样的，孔先生称赞的是这一点。如果没有水源，当七八月份降雨集中的时候，所有的沟渠都充满了水，但是雨停以后很快就干涸了。所以，当名声超过实力时，君子会引以为耻。"

人之所以为人

【十九】

孟子曰："人之所以异于禽兽者几希，庶民去之，君子存之。舜明于庶物，察于人伦，由仁义行，非行仁义也。"

【译文】

孟子说："人和鸟兽不一样的地方真的很少，普通人失去了这不一样的地方，而君子则保留了。舜帝明确了万物的道理，理解了人的道义心，自然而然地由仁义之道向前行，而并非有意识地去实行仁义。"

【解说】

人和动物的区别在于人伦，也就是道义心。孟子认为失去道义心的是普通人，保持道义心的是君子。他把人和动物加以区别，强调使人之所以为人的人伦。

历史批判

【二十一】

孟子曰："王者之迹熄而《诗》亡[1]，《诗》亡然后《春秋》作。晋之《乘》，楚之《梼杌》[2]，鲁之《春秋》[3]，一也。其事则齐桓、晋文，其文则史。孔子曰：'其义则丘窃取之矣。'"

【注释】

[1] 周王朝的鼎盛时代，其统治遍及各个角落的国家，中央派遣的使节会去各国采集民谣，将其作为政治的参考。当周朝衰弱之后，这一制度也消失了，再没有人创作新的诗歌，诗就消亡了。

[2] 晋、楚的编年史的别名。

③ 孔子以鲁国编年史《春秋》为基础，加以改编，写出了《春秋》。他添加的部分是对于善恶的评判，也就是义。

【译文】

孟子说："周王朝的制度废弛之后，《诗》就亡佚了。《诗》亡佚之后，孔子作了《春秋》。晋国的《乘》也好，楚国的《梼杌》也好，鲁国的《春秋》也好，原本都是编年史。其中记载的内容是齐桓公、晋文公的霸业，叙述的方式则是史，也就是'记录'性的。但是孔先生说：'对于历史事实的善恶评判是我自己加进去的。'"

【解说】

孔子很重视《诗经》《尚书》和《礼记》，并将其作为教育弟子的教科书。孟子在此基础上又加上《春秋》作为教科书。孟子认为，加入对历史事件的评判是孔子的独创性做法，但实际上这是孟子自己的想法和解释。所以，这一章是阐明孟子的《春秋》解释学的重要文献。

故的本质

【二十六】

孟子曰："天下之言性也，则故①而已矣。故者以利②为本。

所恶于智者，为其凿也。如智者若禹之行水也，则无恶于智矣。禹之行水也，行其所无事也。如智者亦行其所无事，则智亦大矣。天之高也，星辰之远也，苟求其故，千岁之日至，可坐而致也。"

【注释】

① 此处依据的是伊藤仁斋的"故为常相因之义，有因循之处，所以有此谓"这一解释。意思是原因和结果的连续。

② 武内义雄[1]博士认为"利"可能是"智"之误，这是卓见。此处采用了他的见解，在解释时将"利"改为了"智"。

【译文】

　　孟子说："世间所谓的'性'就是'故'，也就是原因和结果之间的关联。故的本质是智，而智的缺点是过于穿凿。但是，智者如果能做到像禹排水一样的话，那智又有什么缺点呢？禹在排水时，根据地势高低，把水引导到没有阻力的地方。如果智者能够像这样在没有阻力的地方开动脑筋的话，智的作用就会非常大。例如，虽然天很高，星辰遥远，但如果能够探究出天运行的因果之理，坐着就可以算出一千年以后的冬至是哪一天。"

1　1886—1966年，日本的东洋学者，中国哲学研究者，曾任东北帝国大学教授。

【解说】

孟子并不一定赞同世人把"性"理解为"故",也就是原因和结果的连续,这是从"智",也就是理性的立场出发的观点。理性如果在某种制约下加以善用的话,可以观察天文现象,制作历法等,因此是相当厉害的。不过孟子心里似乎认为这不是最了不起的东西。

君子之所以为君子

【二十八】

孟子曰:"君子所以异于人者,以其存心^①也。君子以仁存心,以礼存心。仁者爱人,有礼者敬人。爱人者,人恒爱之;敬人者,人恒敬之。有人于此,其待我以横逆,则君子必自反也:我必不仁也,必无礼也,此物奚宜至哉?其自反而仁矣,自反而有礼矣,其横逆由是也,君子必自反也:我必不忠。自反而忠矣,其横逆由是也,君子曰:'此亦妄人也已矣。如此,则与禽兽奚择哉?于禽兽又何难焉?'是故君子有终身之忧,无一朝之患也。乃若所忧则有之:舜人也,我亦人也。舜为法于天下,可传于后世,我由未免为乡人也,是则可忧也。忧之如何?如舜而已矣。若夫君子所患则亡矣。非仁无为也,非礼无行也。如有一朝之患,则君子不患矣。"

【注释】

① 关于修养问题，近世的儒家学者很重视"存心"。存心原本
的意思是牢牢地保持本心，不要失去它。但也有些学者将
其理解为"养心"或是"省察其心"的意思。

【译文】

孟子说："君子与普通人的差异在于能否保持本心。君子
通过仁来保持本心，还通过礼来保持本心。有仁的人爱别人，
有礼的人敬别人。爱别人的人，别人也总是爱他。敬别人的
人，别人也总是敬他。假如现在这里有一个人对我做了蛮不
讲理的事，君子一定会反省自己：是不是自己不仁呢？是不是
自己无礼呢？为什么对方会对我做出不讲理的事呢？反省之
后发现自己还是有仁的，并没有失礼，然而对方还是和原来
一样蛮不讲理。君子一定会再反省自己：是不是自己不够诚实
呢？反省之后发现自己还是诚实的，然而对方还是和原来一
样。这时君子就会说：'这个人大概只是个疯子吧。他这么做
跟鸟兽有什么区别呢？如果对方是鸟兽，我有什么好生气的
呢？'这种君子会有一辈子都担忧的事情，但是不会因为某
天偶发的困难而痛苦。一辈子都担忧的不是别的，正是这件
事：舜帝是人，自己也是人，舜帝是天下的模范，名传后世，
而自己只不过是个村夫。这件事才真值得担忧。既然担忧这

件事，那到底要怎么做才好呢？只要和舜帝做一样的事情就可以了。这种君子不会有任何痛苦，因为不仁的事不做，不合乎礼的事也不做。即使偶然发生困难，君子也丝毫不觉得痛苦。"

【解说】

本章是充满气概的名文。"舜人也，我亦人也"——这句话中所包含的意气很好地展示了孟子的面貌。如果是孔子，大概不会说这种豪言壮语。如果不说豪言壮语，在战国时期是不会被承认为思想家的，也无法出人头地。

君子之眼
【三十三】

齐人有一妻一妾^①而处室者，其良人出，则必餍酒肉而后反。其妻问所与饮食者，则尽富贵也。其妻告其妾曰："良人出，则必餍酒肉而后反，问其与饮食者，尽富贵也，而未尝有显者来，吾将瞯良人之所之也。"蚤起，施从^②良人之所之，遍国中无与立谈者。卒之东郭墦间之祭者，乞其余；不足，又顾而之他。此其为餍足之道也。其妻归，告其妾曰："良人者，所仰望而终身也，今若此。"与其妾讪其良人，而相泣于中庭。而良人未之知也，施施^③从外来，骄其妻妾。"由君子观之，则人之所以求富贵利达者，其妻妾不羞也，而不相泣者，几希矣！"

【注释】

① 当时实行多妻制，家里有一妻一妾的是最普通的市民家庭。讲究排场的孟子有好几个小妾，因此抱着一种嘲笑一妻一妾的悲惨生活的态度。

② "施"就是斜，也就是偷偷地跟着去。

③ 高兴的样子。

【译文】

　　齐国有一个人，家中有一妻一妾。每次这个人外出，都会饱食酒肉而归。妻子问起跟他同桌吃饭的人的名字，全都是富豪和名士。妻子对小妾说："夫君外出时总是吃得饱饱的回来。我问他跟哪些人一起吃饭，他说的人净是些有钱人和名士，不过迄今为止从来没有大人物到我们家拜访过，我想搞清楚夫君去的是哪里。"

　　于是，妻子一大早起床，偷偷摸摸地尾随着丈夫。结果在城内走了一圈，没有一个人上前跟他丈夫搭话。最后丈夫去了东门外的墓地，向正在祭祀祖先的人讨要剩余的酒肉。吃了之后还不够，于是又去别处讨要。这竟然就是丈夫饱食的方法。

妻子回家后把情况详细地告诉了小妾，说："夫君是我寄托了一生希望的人，他竟然在干这样的事！"然后两个人狠狠地说了一通丈夫的坏话，并在院子里相拥而泣。毫不知情的丈夫笑眯眯地回到家中，向妻子和小妾炫耀。

孟子对此评论道："在君子看来，一般人为了追求富贵和出人头地而做的事情，大部分都肯定会让君子感到羞耻并相拥而泣，就像这个故事里的妻子和小妾一样。"

【解说】

这一章的开头没有"孟子曰"，因此很多人提出了各种问题，例如这是不是孟子的话？或者其中有多少是孟子的话？这个小故事的主人公是住在齐国首都，也是当时中国最大的城市——临淄的一位市民。将这件事看作真实的故事应该是没什么问题的。当时，以过去的历史人物为主人公的历史故事盛行一时，但是以平凡的市民为主人公，描述日常生活的故事则很罕见。因此这是中国小说史上具有重要意义的文章。同时代的《庄子》是诗一般的散文，创作了很多寓言故事，本章与《庄子》是一个很好的对照。孟子先讲述了一个市民生活的真实故事，最后加上了"由君子观之……"的评语。

第九卷　万章章句上

　　本卷共由九章构成。主体部分是孟子和他的高徒万章的问答，题材是圣人尧、舜等人的传说。在此我要介绍的是其中的第一章和第五章。

　　万章有一个逻辑性很强的头脑，因此他的问题尖锐地指出了传说的矛盾所在。面对万章的问题，孟子的回答揭去了神话和传说的神秘性，把天看作抽象的存在，而不是人格神，同时，将尧、舜等人看作具有伟大人格的人，而不是英雄。这很好地表现了孟子作为合理的启蒙主义者的一面。

对父母的感情

【一】

　　万章①问曰："舜往于田，号泣于旻天②，何为其号泣也？"孟子曰："怨慕也。"万章曰："父母爱之，喜而不忘；父母恶之，劳而不怨。然则舜怨乎？"曰："长息③问于公明高④曰：'舜往于田，则吾既得闻命矣。号泣于旻天，于父母，则吾不知也。'公明高曰：'是非尔所知也。'夫公明高以孝子之心，为不若是恝⑤，我竭力耕田，共为子职而已矣，父母之不我爱，于我何哉？帝使其子九男二女，百官牛羊仓廪备，以事舜于畎亩⑥之中。天下之士多就之者，帝将胥⑦天下而迁之焉。为不顺于父母，如穷人无所归。天下之士悦之，人之所欲也，而不足以解忧。好色，人之所欲，妻帝之二女，而不足以解忧。富，人之所欲，富有天下，而不足以解忧。贵，人之所欲，贵为天子，而不足以解忧。人悦之、好色、富、贵，无足以解忧者，惟顺于父母，可以解忧。人少则慕父母，知好色则慕少艾⑧，有妻子则慕妻子，仕则慕君，不得于君则热中。大孝终身慕父母。五十而慕者，予于大舜见之矣。"

【注释】

① 万是姓，章是名。他似乎是孟子门人中的高徒，《孟子》中有他出现的问答多达二十二次。

② 原本指秋季的天空，但在这里没有必要限定为秋季的天空，理解为对着天喊叫就行了。

③ 公明高的弟子。

④ 曾子的弟子。公明是姓，高是名。一般认为，在齐国兴盛一时的《春秋》解释学的一派——公羊学派的创始人公羊

高与这里提到的公明高是同一个人。继承了曾子学统的孟子似乎也属于公羊学派，他将公明高视为前辈或老师，对其很尊崇。

⑤ 也写作"忞"。毫不担心的样子。

⑥ "畎"是田间的沟，"亩"是田垄。也可以指农村。

⑦ "所有、全部"的意思。

⑧ 指年轻貌美之人。

【译文】

万章问道："据说舜走到田里，向着天大声哭喊。他为什么要大声哭喊呢？"

孟子说："因为他恨父母，但同时又恋慕他们。"

万章又问道："人们都说：'被父母爱，高兴而不忘怀；被父母讨厌，虽然担心，却不怨恨。'即便如此，舜还是会恨父母吗？"

"以前，长息曾经问公明高：'关于舜走到田里这件事，您的说明我已经很清楚了。但是您说他大声哭喊是对着天和父母，这点我不太能理解。'公明高回答道：'这件事你是很难理解的。'这真是一个难题，我想公明高的意思可能是这样的：像舜这样孝顺的儿子，使出全身力气耕田，充分履行了儿子的职责，但是却不能满不在乎地认为，得不到父母所爱，自己没有责任。尧帝让他的九个儿子、两个女儿以及朝廷的全部官员带着所有的牛、羊、仓库里的东西去为田间劳动的舜服务。天下有知识的人也有很多都跟随舜。尧帝正准备把整个天下让给舜。然而，舜的心情却像是得不到父母喜爱，难以为继，无家可归一般。受到天下有知识的人的敬爱，这是所有人都盼望的事情，即便如此，舜的忧郁还是无法消失。美女是所有人都喜欢的，但即使娶了尧帝的两个女儿为妻，舜的忧郁还是无法消除。财富是所有人都想要的，但即使将财富和天下都收于囊中，舜的忧郁还是无法消除。尊贵是所有人都想要的，但即使拥有了天子这一尊贵的身份，舜的忧郁还是无法消除。别人的敬爱、美女、富贵，这些东西都无法消除忧郁。只有受到父母的喜爱才能消除忧郁。人在幼年时恋慕父母；到了懂得爱女人的年龄之后，就会恋慕年轻的美女；有了妻子之后，就恋慕妻子；如果做官了，则恋慕君主。如果不被君主喜欢，就会焦躁不已，坐立不安。就像这样，恋慕的对象是会随着年龄的变化而变化的。但是，真正孝顺的孩子一直到死都会恋慕父母。到了五十岁还恋慕父母的，据我所知只有伟大的舜。"

【解说】

　　孟子与万章对话的题材主要是所谓的禅让传说，即尧赏识民间默默无闻的舜，并把帝位传给了他。根据传说，尧帝很赏识舜并将女儿许配给他，还打算将天下禅让给他。但是，不知为何，身为孝子的舜遭到父母，特别是母亲的憎恨。他母亲和弟弟不停地合谋迫害舜。舜难以忍受这种痛苦，于是走到田里，对着天空大声哭泣，倾诉痛苦。如果说身为圣人并以孝顺出名的舜怨恨父母，那到底是怎么回事呢？这就是万章提出的难题。孟子认为这是一个公羊学派已经提出过的重大问题，他分析了舜的心理，主张应该从精神方面来理解舜的苦闷。这种人格化的解释可以说是作为孔子学徒的正统看法。孟子对人的解释确实很细致。

政权授受的正统性

【五】

　　万章曰："尧以天下与舜，有诸？"孟子曰："否。天子不能以天下与人。""然则舜有天下也，孰与之？"曰："天与之。""天与之者，谆谆然①命之乎？"曰："否。天不言，以行与事示之而已矣。"曰："以行与事示之者，如之何？"曰："天子能荐人于天，不能使天与之天下；诸侯能荐人于天子，不能使天子与之诸侯；大夫能荐人于诸侯，不能使诸侯与之大夫。昔者尧荐舜于天而天受之，暴②之于民而民受之。故曰：'天不言，以行与事示之而已矣。'"曰："敢问荐之于天而天受之，暴之于民而民受之，如何？"曰："使之主祭而百神享之，是天受之。使之主事而事治，百姓安之，是民受之也。天与之，人与之，故曰：'天子不能以天下与人。'舜相尧二十有八载，非人之所能为也，天也。尧崩，三年之丧毕，舜避尧之子于南河③之南。天下诸侯朝觐者，不之尧之子而之舜；讼狱者，不之尧之子而之舜；讴歌者，不讴歌尧之子而讴歌舜，故曰：'天也。'夫然后之中国④，践天子位焉。而居尧之宫，逼尧之子，是篡也，非天与也。《太誓》⑤曰：'天视自我民视，天听自我民听。'此之谓也。"

【注释】

① 热情详细地告知的样子。

② 同"显"。让……出现。

③ 一般认为这条河位于尧的都城的南方，所以叫作南河。据说现在的山东省濮县¹有当年舜隐退的历史遗迹。

④ 此处特指首都。

⑤《尚书》的篇名，已亡佚。现在的《太誓》只不过是伪书《伪古文尚书》的一部分。

【译文】

　　万章问道："据说尧帝把天下给了舜，这是事实吗？"

1　旧县名，在河南省东北部。原属山东省，1956年撤销，并入范县。1964年范县划归河南省。

孟子回答道："不对，天子无法把天下给别人。"

万章又问道："那舜所统治的天下是谁给他的呢？"

"是天给的。"

"您说是天给的，那么天亲口对舜叮咛说'我要把天下给你'吗？"

"天当然不会说话，只是通过态度和事实表现出来而已。"

"您说通过态度和事实表现出来，具体而言是指什么呢？"

"天子可以向天推荐人才，但不能促使天把天下给予某个人。诸侯可以向天子推荐人才，但不能促使天子任命某个人为诸侯。大夫可以向诸侯推荐人才，但不能促使诸侯任命某个人为大夫。很久以前，尧帝把舜推荐给了天，天接受了舜，然后把舜公开介绍给了民众，人民也接受了舜。所以我才说：'天不会说话，只是通过态度和事实表现出来而已。'"

"恕我冒昧，还想再请教您一件事。您说：'尧帝把舜推荐给了天，天接受了舜，然后把舜公开介绍给了民众，人民也接受了舜。'这是什么意思？"

"尧帝命令舜主持祭祀，结果众神欣然享用了这场祭祀，这就是'天接受了舜'。尧帝又让舜主宰政治，结果政治清明，民众安心，这就是'人民接受了舜'。因为是天给的，人民给的，所以我才说：'天子无法把天下给别人。'舜帮助尧帝治理天下长达二十八年，这不是人力能做到的，是天的力量。尧帝去世，服丧三年之后，舜顾虑到尧的儿子，于是隐退到了南河的南岸。天下诸侯朝见的时候，不去尧的儿子的住处，而去舜的住处。打官司的人也不去尧的儿子的住处，而去舜的住处。歌颂太平的人也不去尧的儿子的住处，而去舜的住处。所以说是天意。在这种情况下，舜才前往都城，坐上了天子之位。如果舜一开始就住在尧的宫殿里，逼迫尧的儿子承认自己是天子，那么他就是凭力气夺得了这个位子，而不是天给他的。《尚书·太誓》中说'天虽然没有眼睛，但可以通过人民的眼睛看；天虽然没有耳朵，但可以通过人民的耳朵听。'指的就是这个。"

【解说】

尧将帝位让给舜一事在《尚书·尧典》等文献中也有记载。弟子万章提起了见于《尚书》等文献中的尧、舜的禅让传说，向孟子询问应该去哪里寻求政权授受的正统性。孟子将其归结为天意。不过生活在战国时期的孟子不相信天是人格神，有着和人一样的身体，和人一样行动和说话。孟子认为天是抽象的存在，是通过人类，尤其是人民的意向来表明自己的决断的。

尧、舜的神话被从天界拉到了地上，被看作在人间发生的事情，天神原本具有的神秘力量完全消失了。神话的历史化在孟子的推动下进一步加速了。

第十卷　万章章句下

　　本卷由九章构成。原书的第三、第四、第五、第六和第七章的中心内容是孟子和万章就君臣关系、君子的就业问题的问答。不过，君臣关系是列国对峙的战国时期特有的问题，缺乏现代意义，因此我只选择了其中的第五章。原书的第一章将伯夷、伊尹、柳下惠等圣人与孔子进行了比较论述，是本卷比较出彩的部分，因此在这里与原书的第八章和第九章一起介绍给大家。第八章主张尚友，也就是以古代的历史人物为朋友。第九章是孟子和齐宣王关于卿，也就是大臣的种类以及王的退位的讨论。

　　即使在今天的中国社会，朋友关系也扮演着非常重要的角色。本卷中提出的"尚友"一词表达了中国对于朋友的理想。该词出自《孟子》这部古典作品，显示出在现代中国社会，古典作品保持着多么深层的势力。

对孔子的赞美

【一】

孟子曰："伯夷①目不视恶色，耳不听恶声。非其君不事，非其民不使。治则进，乱则退。横政之所出，横民之所止，不忍居也。思与乡人处，如以朝衣朝冠坐于涂炭也。当纣之时，居北海之滨，以待天下之清也。故闻伯夷之风者，顽夫廉②，懦夫③有立志。伊尹④曰：'何事非君？何使非民？'治亦进，乱亦进。曰：'天之生斯民也，使先知觉后知，使先觉觉后觉。予，天民之先觉者也。予将以此道觉此民也。'思天下之民匹夫匹妇有不与被尧、舜之泽者，若己推而内之沟中，其自任以天下之重也。柳下惠不羞污君，不辞小官。进不隐贤，必以其道。遗佚而不怨，阨穷而不悯。与乡人处，由由然不忍去也。'尔为尔，我为我，虽袒裼⑤裸裎⑥于我侧，尔焉能浼我哉？'故闻柳下惠之风者，鄙夫宽，薄夫敦。孔子之去齐，接淅⑦而行。去鲁，曰：'迟迟吾行也。'去父母国之道也。可以速而速，可以久而久，可以处而处，可以仕而仕，孔子也。"孟子曰："伯夷，圣之清者也。伊尹，圣之任者也。柳下惠，圣之和者也。孔子，圣之时者也。孔子之谓集大成。集大成也者，金声而玉振之也。金声也者，始条理也；玉振之也者，终条理也。始条理者，智之事也；终条理者，圣之事也。智，譬则巧也；圣，譬则力也。由射于百步之外也，其至，尔力也；其中，非尔力也。"

【注释】

① 在《论语》《孟子》中多次出现的商朝末期的贤人。《论语》中是伯夷、叔齐兄弟俩一起出现的，而《孟子》中则只有伯夷一人出现。据说，他虽然身为孤竹君的嗣子，但却把国家让给弟弟，自己则效力于商朝，后来因为厌恶暴君纣王而投奔了周文王。周武王讨伐纣王时，他表示反对，并隐居到了首阳山，最后饿死。

② "顽"的本义是没有棱角。"顽夫"指懒惰、散漫而又贪得无厌的人。"廉"是指有棱角，界限分明，不该拿的钱不拿，也就是指清廉的人。

③ 懦弱的人。

④ 有莘氏女儿的厨师。因为有莘氏女儿嫁给了商朝的汤王，他也跟着侍奉汤王，后来成了大臣。被认为是商朝开国的功臣。

⑤ 脱衣服。

⑥ 赤身裸体。

⑦ "渐"指淘米水。此处说的是淘洗好的米来不及煮，拿在手里就出发了。

【译文】

　　孟子说："伯夷眼睛不看丑陋的色彩，耳朵不听不好的音乐。不是理想中的明君，就不愿为其效力；不是理想中的人民，就不愿居高临下地使唤他们。天下治理得很好，他就出来做官；天下大乱，他就辞官隐退。行暴政、有暴民的地方，他是待不下去的。和村民坐在一起，他感觉就像是穿着礼服，戴着礼冠坐在泥泞的道路或是炭灰上一样。在商朝暴君纣王的那个时代，他住在北海的海滨，等着天下变清平。因此，听说过伯夷作风的人，贪婪者会变得清廉，胆小者会变得有志独立。商朝的开国功臣伊尹说：'不管什么样的君主，只要为其效力，都同样是君主；不管哪里的人民，只要居高临下使唤他们，都同样是人民。'天下治理得很好的时候他也出来做官，天下大乱的时候他还是做官。他说：'上天生下这些人民时，就是要让先知道事理的人开导后来想知道事理的人，让先开悟的人开导后来想要开悟的人。我就是上天生下的人民中先开悟的人。我想要让其他人民领悟尧舜之道。'如果天下的人民中哪怕只有一名男子或一名女子没有受到尧舜之道的恩惠，他就觉得好像是自己把他们推倒在阴沟里一样。伊尹觉得自己承担着天下的重任。柳下惠不以侍奉昏君为耻，也不拒绝当小官。一旦到了自己的岗位上，他不会隐藏自己的才能，一定会用自己的方式来处理事情。即使被社会遗忘，他也无所谓；即使生活困苦，他也不伤悲。即使和村民坐在一起，他看上去也很开心，似乎不舍得离开，他说：'你是你，我是我。就算你在我旁边把衣服脱得精光，也跟我毫无关系。'听说过柳下惠作风的人，心胸狭小者会变得宽大为怀，人情淡薄者会变得有人情味。孔子离开齐国的时候，手里捧着刚淘好还没晾干的米就匆忙出发了。离开鲁国的时候，他说：'走慢一点吧。'因为这是离开父母国家时的礼节。该快的时候就快，该慢的时候就慢，该隐退的时候就隐退，该做官的时候就做官。这就是孔子的做法。"

孟子又说："伯夷是圣人中的清高型，伊尹是圣人中的责任感型，柳下惠是圣人中的和谐型，孔子是圣人中的历史综合型。可以说孔子是集圣人的各种类型于一身的综合体。所谓综合，就好比在演奏音乐时，首先敲响金属的打击乐器——钟，最后敲响玉做的打击乐器——磬。敲响钟是为了开始制造节奏，敲响磬是为了终结节奏。开始节奏属于理性的工作，终结节奏属于圣的工作。理性好比是技巧，圣好比是力量。假设在百步开外射箭，射到靶上是靠你的力量，命中靶心则不是靠你的力量，而是靠技巧。"

【解说】

孟子认为世间口口相传的伯夷、伊尹、柳下惠这三位圣人的行为各不相同，并将其分别定义为清高型、责任感型与和谐型，承认他们具有各自的独特性。在此基础上，孟子将孔子认定为诸位圣人的历史综合型。把孔子理解为集大成者，使我们清楚地看出对春秋学了如指掌的孟子的历史哲学观。孟子赞美孔子的最后一段话在《孟子》一书中也是杰出的名句。

孟子的职业观

【五】

  孟子曰："仕非为贫也，而有时乎为贫；娶妻非为养也，而有时乎为养。为贫者，辞尊居卑，辞富居贫。辞尊居卑，辞富居贫，恶乎宜乎？抱关击柝①。孔子尝为委吏②矣，曰：'会计当而已矣'。尝为乘田③矣，曰：'牛羊茁④壮，长而已矣'。位卑而言高，罪也；立乎人之本朝而道不行，耻也。"

【注释】

① "关"是门上插的门栓。"抱关"就是抱着这根门栓的人，也就是看门的人。"柝"是梆子。"击柝"就是晚上敲着梆子打更巡逻的人。

② 管理堆积在仓库里的谷物等东西的小官。

③ 管理饲养家畜的牧场的官员。

④ 原指草木冒芽，此处形容牛羊长大变肥。

【译文】

  孟子说："工作不是因为贫穷，不过有时也会因为贫穷而工作。就像娶妻不是为了让她孝敬父母，不过有时也会为了让妻子孝敬父母而娶她一样。因为贫穷而工作的人，应该谢绝做高官，而去做小官；应该拒绝待遇好的职位，而到待遇差的职位上去。如果谢绝作高官而去做小官，拒绝待遇好的职位而到待遇差的职位上去的话，那么在哪里都无所谓。看门也行，打更也行。孔先生年轻时当过管理仓库的官，那时他说：'只要让从仓库里运出来的数量和运进仓库里去的数量保持一致就可以了。'孔先生还当过管理家畜的官，那时他说：'只要牛和羊都越来越肥壮就行了。'在低微的职位上高谈阔论是越权行为，而作为高官站在一国的朝廷之上，却不能主张和实行自己的原则，是一种耻辱。"

尚论·尚友

【八】

孟子谓万章曰："一乡之善士，斯友一乡之善士；一国之善士，斯友一国之善士；天下之善士，斯友天下之善士。以友天下之善士为未足，又尚论古之人。颂其诗，读其书，不知其人，可乎？是以论其世也。是尚友也。"

【译文】

孟子对万章说："一个乡村的优秀人物把其他乡村的优秀

人物当作朋友，一个国家的优秀人物把其他国家的优秀人物当作朋友，天下的优秀人物把天下的其他优秀人物当作朋友。如果以天下的优秀人物为朋友还不够的话，可以议论历史上的人物。如果只是背诵诗歌和读书，而不知道这些诗歌和书的作者的情况，是不行的。因此，需要讨论这些作者所生活的时代。这就是尚友，也就是把历史上的人物当作朋友。"

【解说】

我认为，必须把《孟子》这本书当作与孔子、孟子进行人际交流的场所。因此，我在解说时一直很重视孔子和孟子所处的时代背景。希望大家在看我写的这本书时，也能把孔子和孟子当作尚友。

贵戚之卿·异姓之卿

【九】

齐宣王问卿。孟子曰："王何卿之问也？"王曰："卿不同乎？"曰："不同。有贵戚之卿，有异姓之卿。"王曰："请问贵戚之卿。"曰："君有大过则谏，反覆之而不听则易位。"王勃然变乎色。曰："王勿异也。王问臣，臣不敢不以正对。"王色定，然后请问异姓之卿。曰："君有过则谏，反覆之而不听则去。"

【译文】

齐宣王询问关于卿，也就是大臣的事情。孟子反问道："大王问的是哪种大臣呢？"

宣王说："大臣还分种类吗？"

"是的，有和王室同姓的大臣，也有和王室不同姓的大臣。"

宣王说："请您先说明一下和王室同姓的大臣。"

"假设君主犯了很大的过失。同姓的大臣会进谏，如果反复进谏都不被采纳的话，就让君主退位。"

宣王突然变了脸色，非常生气。孟子说："请大王不要太介意。因为您问我了，所以我不能不说真话。"

宣王的脸色稍微缓和了一点，又问和王室不同姓大臣的情况。孟子回答道："当君主有了过失，不同姓的大臣会进谏，如果反复进谏都不被采纳的话，就辞职。"

【解说】

读了这段对话我们会发现，孟子有点习惯于宣王的信赖了，他仗着宣王的信赖，大胆地说一些过头的话。在战国时期，出现昏君的时候，为了国家利益着想，也许和王室同姓的大臣们齐心协力迫使昏君退位是一种惯例。但是，把这件事情告诉宣王会给宣王带来打击，这一点孟子没有考虑到，确实不太妙。

第十一卷　告子章句上

　　正如篇名所显示的那样，本篇的中心是孟子与杨朱一派的感觉论者——告子的论辩。面对站在感觉论的立场上，认为人的本性既不是善，也不是恶的告子的学说，站在儒家的伦理主义立场上的孟子为了捍卫性善说，与其展开了一场大论战。性善说认为人性本善，如果能够培育好这一善根，任何人都能成为善人。本章是《孟子》中重要的理论部分。在此，我打算介绍其中的八章，即原书的第一、第二、第三、第四、第六、第七、第十五和第十六章。

人的本性

【一】

　　告子①曰："性犹杞柳②也，义犹桮棬③也。以人性为仁义，犹以杞柳为桮棬。"孟子曰："子能顺杞柳之性而以为桮棬乎？将戕贼杞柳而后以为桮棬也？如将戕贼杞柳而以为桮棬，则亦将戕贼人以为仁义与？率天下之人而祸仁义者，必子之言夫！"

【注释】

① 名不害。墨子的弟子，年纪比孟子稍长。

② 尖叶紫柳，属于筐柳的一种。

③ 将薄木板弯曲后制成的杯、盘等。

【译文】

告子说："性就好比筐柳，义就好比用筐柳做的圆形容器。矫正人的本性，将其变为仁义，正如将筐柳弄弯去制造圆形容器一样。"

孟子回答道："你是依照筐柳的性质去制造圆形容器，还是扼杀筐柳的本性去制造呢？如果是扭曲了筐柳的本性去制造圆形容器的话，那不就等于认为杀了人才能获得仁义吗？你的这种观点会导致全天下的人都来损害仁义。"

【解说】

告子相信人性本恶，如果通过仁义来矫正这种本性，就可以使它变得有道德。而孟子则相信人性本善，只要让其自然发展，就可以变得有道德。二人的观点是对立的，经常展开论战。

这是他们的第一次争论。

告子将人的本性比喻成筐柳，仁义比喻成杯盘等圆形容器。筐柳虽然是制作杯盘的材料，但却不是杯盘本身。他认为，正如杯盘是以筐柳为素材制作而成的一样，仁义是以人性为素材而形成的，它与人性本身不同。孟子大概是把告子的逻辑理解为砍倒树木，将其变成木片来制造杯盘了。孟子认为，这样就等于说只有杀了人之后才能形成仁义，反过来使用比喻进行反驳。告子只是认为人的本性仅仅是素材，仁义是以其为材料而形成的，对本性和仁义进行了区分而已。他并没有提及从材料到制成成品的过程。而孟子却断定，究竟是依照树的本性去制造器物，还是否定其本性去制造，告子属于后者，即不依照本性，扼杀本性去进行制造，这也就等于说杀了人才能获得仁义。假如告子反驳说："你说要依照本性去制造器物，那要如何制造呢？如果只是依照本性的话，那不是永远也无法制造出器物吗？"不知孟子会如何回答。我想，告子的本意可能是这样的：仁义并不是全面否定本性，而是对本性加以某些限制。从这一点来看，可以说告子和孟子的争论完全是各执一词，毫不相干。

人的善与不善

【二】

告子曰："性犹湍水[①]也，决诸东方则东流，决诸西方则西流。人性之无分于善不善也，犹水之无分于东西也。"孟子曰："水信无分于东西，无分于上下乎？人性之善也，犹水之就下也。人无有不善，水无有不下。今夫水，搏而跃之，可使过颡；激而行之，可使在山。是岂水之性哉？其势则然也。人之可使为不善，其性亦犹是也。

【注释】

① 山谷中湍急的溪流，特别是打着漩涡的急流。

【译文】

告子说："人性就像急流中旋转的漩涡一样。在东边开个缺口，它就向东流；在西边开个缺口，它就向西流。人的本性并没有善与不善之分，就跟水不分东西都可以流一样。"

孟子说："就像你说的一样，水的流向不分东西。但是，不能说它不分高低。人的本性趋善，就跟水往低处流一样。但是，人当然有时也会不趋善，水有时也会不往低处流。比如当水被拍得飞溅起来的时候，可以高过人的额头；当水被堵住而倒流的时候，可以流到山上。不过这绝不是水的本性，只是加以外力使它变得那样而已。我们可以让人做不善的事情，不过这并不是因为本性不善，而是外力使然。"

214

【解说】

第二场论战从水的流向的比喻开始，孟子的反驳极其恰当。

人的生与性

【三】

告子曰："生之谓性。"孟子曰："生之谓性也，犹白之谓白与？"曰："然。""白羽之白也，犹白雪之白；白雪之白，犹白玉之白欤？"曰："然。""然则犬之性犹牛之性，牛之性犹人之性与？"

【译文】

告子说："活着叫作性。"

孟子说："把活着称为性，和把白色的东西称为白是一样的吗？"

告子回答道："是的。"

孟子说："白色羽毛的白和白雪的白是一样的吗？白雪的白和白玉的白是一样的吗？"

告子回答道："是的。"

孟子说："这样的话，那狗的性不就和牛的性一样，牛的性不就和人的性一样了吗？"

【解说】

因为生和性的发音相同，所以告子说生就是性。他认为有生命的东西顺其自然地活着，这就是性。从根源上来说，性没有善和不善之分，其本质是生物性。对此，孟子先让告子确认了白色羽毛、白雪、白玉的白是一样的，然后指责说，这样一来就等于说狗、牛和人的性都是一样的。用来描述无生命物体的"白"这一形容词与狗、牛、人等生物的"性"在性质上是非常不一样的。前者的"白"是谓语，而后者的"性"是主语，所以在逻辑上其性质也完全不同。在这段对话中，孟子与告子的讨论也完全不在一个频道上。

仁内义外

【四】

告子曰："食色，性也。仁，内也，非外也；义，外也，非内也。"孟子曰："何以谓仁内义外也？"曰："彼长而我长之，非有长于我也。犹彼白而我白之，从其白于外也。故谓之外也。"曰："异。于白马之白也，无以异于白人之白也。不识长马之长也，无以异于长人之长与？且谓长者义乎？长之者义乎？"曰："吾弟则爱之，秦人之弟则不爱也，是以我为悦者也，故谓之内。长楚人之长，亦长吾之长，是以长为悦者也，故谓之外也。"曰："耆秦人之炙，无以异于耆吾炙。夫物则亦有然者也。

然则耆炙亦有外与？"

【译文】

告子说："食欲和性欲都是天生的性。你整天挂在嘴边的仁确实包含在性里面，不存在于性的外部。但是，要说义，则是存在于性的外部，不包含在性里面。"

孟子问道："你为什么认为仁在内部，义在外部呢？"

告子回答道："他比我年纪大，我把他当成前辈而尊敬他。这种尊敬之心并不是我身体里原本就具备的。打个比方来说，就跟他皮肤白，而我觉得白皮肤很好看一样。因为白色客观地存在于外部，而我据此认为他是白的，所以我说在外部。"

孟子说："你说得不对。把白马看成白的确实和把皮肤白的人看成白的一样。但是，把年龄大的马看成年龄大和把年纪大的人当成前辈似乎不一样吧。另外，我还有一个问题想请你回答。义是指他年长，还是指我认为他年长而尊敬他？"

告子回答道："我爱自己的弟弟，但是却没法爱远方秦国人的弟弟。这是根据我心里是否高兴而产生的差异，所以说爱，也就是仁，是内在的。我可以把远方楚国的年长者当成前辈来尊敬，也可以把自家的年长者当成前辈来尊敬。所以把年长者当成前辈这件事，也就是义，是外在的。"

孟子回应道："你说远方的国家，但秦国人喜欢烤肉，我也喜欢烤肉，两者完全一样。有很多东西都是这样的。根据你的逻辑，所有人都同样喜欢烤肉这件事就是外在的。这样也可以吗？"

【解说】

因为孟子无法理解"生即性"这件事，所以告子进一步加以说明。告子认为性指的就是生存，也就是食欲和性欲。换言之，他认为本能就是性。然后，他认为在孟子所尊重的仁义中，仁是爱人之心，因此将其归入性欲，当作位于性的内部的东西；义与社会身份有关，因此位于性的外部。对此，孟子反驳时从战国时期的逻辑学家经常提起的"白马非马"等论辩中获得了启发，把白马的白作为议论焦点。他指出，白马的白是客观的，与人皮肤的白一样，所以可以说是位于外部的，但人的年纪大和马的年龄大是不一样的。然后他反问对方，人的年纪大这一客观事实有意义，还是认为别人年纪大而尊敬他这一行为有意义？孟子认为，如果是后者的话，那么尊敬年长者这一行为，也就是义，就不是外在的，而是内在的。

对于孟子的这番见解，告子认为，爱自己身边的弟弟，而不能爱遥远的秦国人的弟弟，是因为无法从内心感到高兴而爱他，因此爱，也就是仁，是位于自己内部的。另外，不管是楚国的年长者还是自己家里的年长者，都同样可以作为前辈来侍

218

奉。因为侍奉的对象是年长这一客观的社会身份，该对象是位于外部的。因此，告子回答说义是位于外部的。到这里为止的讨论中，告子面对孟子的非难，毫不退缩，从正面给予答复，二人的讨论完全处于同一个频道内，而且是告子占优势。然而，到了最后孟子的结论那里，又变得奇怪起来，不在一个频道上了。孟子说，秦国人对烤肉的喜欢和自己的对烤肉的喜欢是完全一样的，这等于承认了告子的前提，即食色性也。可以说孟子的辩论到最后完全露出了马脚。

善乎？恶乎？
【六】

　　公都子曰："告子曰：'性无善无不善也。'或曰：'性可以为善，可以为不善。是故文武兴则民好善，幽厉兴则民好暴。'或曰：'有性善，有性不善。是故以尧为君而有象，以瞽瞍为父而有舜，以纣为兄弟¹，且以为君，而有微子启、王子比干。'今曰'性善'，然则彼皆非与？"孟子曰："乃若①其情，则可以为善矣，乃所谓善也。若夫为不善，非才②之罪也。恻隐之心，人皆有之；羞恶之心，人皆有之；恭敬之心，人皆有之；是非之心，人皆有之。恻隐之心，仁也；羞恶之心，义也；恭

1　比较多见"兄之子"而非"兄弟"，因下一句的微子启是纣的庶兄，比干是纣的叔叔。——编者注

敬之心，礼也；是非之心，智也。仁义礼智，非由外铄③我也，我固有之也，弗思耳矣。故曰：'求则得之，舍则失之。'或相倍蓰而无算者，不能尽其才者也。《诗》曰：'天生蒸民，有物有则。④民之秉夷⑤，好是懿德。'孔子曰：'为此诗者，其知道乎！故有物必有则，民之秉夷也，故好是懿德。'"

【注释】

① 同下文的"若夫"，"有像……那样的东西"之意。

② 同"材"，本义为原料，此处是"天性、禀赋"的意思。

③ 注释者有多种不同说法，伊藤仁斋将其理解为"装饰"是确切的。

④《诗经·大雅·烝民》中的句子。

⑤《诗经》中写作"彝"，本义为永远不变的东西。

【译文】

公都子说："告子说：'人的本性既不是善，也不是恶。'有人说：'人的本性可以做善事，也可以做恶事。所以，当周文王、周武王出现的时候，人民喜欢善；而当周幽王、周厉王出现的时候，人民喜欢暴虐。'也有人说：'既有本性善良的人，也有本性凶恶的人。所以当尧那样的圣人当君主时，臣子中间也会有象这样的人；瞽瞍那样的父亲也会生出舜这样的圣人；虽然有纣王那样残暴的兄弟和君主，却出现了微子启、王子比干。'现在，老师您说人性本善，那刚才我列举的那些人的话都错了吗？"

孟子说："从人天生的性情来看，确实可以认为它是善，这就是我说的人性本善。即使有作恶的人，那也不是因为天性。因为同情心是所有人都具有的，羞耻心也是所有人都具有的，尊敬心也是所有人都具有的，区分是非之心也是所有人都具有的。同情心是仁，羞耻心是义，尊敬心是礼，区分是非之心是智。仁、义、礼、智并不是从外部装饰到自己身上的，而是自己本来就有的。只不过因为自己没有觉察到它们，所以才会作恶。所以人们才会说：'如果寻求，就能得到；如果舍弃，就会失去。'人和人之间的差别是否有两倍、五倍直到无数倍那么大，要看是否充分地发挥了天性。《诗经》中说：'天生下万民，给各种事物都赋予了法则。人民保持不变的法则，爱好优美的德行。'孔先生评论说：'这首诗的作者对道有着很好的理解啊！因为天确实给各种事物都赋予了法则，所以人民可以保持不变的法则，并由此而变得喜欢优美的德行了。'"

【解说】

与公都子关于人性本善还是人性本恶的这段对话，是表明孟子立场的重要段落。不过，其中出现的"情""才"等字的含义不明确，这是其不足之处。

心灵的一致点

【七】

孟子曰："富岁，子弟多赖①，凶岁，子弟多暴，非天之降才尔殊也，其所以陷溺其心者然也。今夫𪳋麦②，播种而耰③之，其地同，树之时又同，浡然而生，至于日至④之时，皆熟矣。虽有不同，则地有肥硗⑤，雨露之养，人事之不齐也。故凡同类者，举相似也，何独至于人而疑之？圣人与我同类者。故龙子曰：'不知足而为屦，我知其不为蒉也。'屦之相似，天下之足同也。口之于味，有同耆也。易牙⑥先得我口之所耆者也。如使口之于味也，其性与人殊，若犬马之与我不同类也，则天下何耆皆从易牙之于味也？至于味，天下期于易牙，是天下之口相似也。惟耳亦然。至于声，天下期于师旷，是天下之耳相似也。惟目亦然。至于子都⑦，天下莫不知其姣也。不知子都之姣者，无目者也。故曰：口之于味也，有同耆焉；耳之于声也，有同听焉；目之于色也，有同美焉。至于心，独无所同然乎？心之所同然者何也？谓理也，义也。圣人先得我心之所同然耳。故理义之悦我心，犹刍豢⑧之悦我口。"

【注释】

① 即"懒"，也就是懒汉。

② 大麦。

③ 播种以后盖上土。

④ 夏至。

⑤ "硗"指砂石多的贫瘠土地。

⑥ 齐桓公喜爱的厨师。

⑦ 春秋时期，郑庄公[1]宠幸的侍童。

⑧ 食草动物，也就是牛、羊是"刍"。食谷动物，也就是狗、猪是"豢"。

【译文】

孟子说："丰收之年，懒惰的少年会变多；歉收之年，暴力的少年会变多。这不是因为天赋予人们的禀赋有多么大的差异，而是因为使他们的心灵堕落的影响因素有不同。举例来说，假设我们撒下大麦的种子并盖上土。如果是同一时间种植在同一块土地上的话，它们会苗壮成长，到了夏至就都会结出麦粒。假如有什么不一样，那就是因为土地有肥沃和贫瘠之分，雨水和夜里的露水降下的情况不同，还有人对农地的照顾有好有坏。就像这样，同类的东西都是相似的，但为什么会有人怀疑人是不相似的呢？即使是圣人，不也跟我们一样都是人吗？龙

---

1 公元前757—前701年，春秋时郑国国君。公元前744—前701年在位。联合齐鲁，击败宋卫。后周桓王免去其职位，从此不朝。桓王伐郑，他率兵抗击，击败周师，射伤王肩。

子也说:'即使不知道一个人的脚的形状就去编草鞋,也绝不会编成草筐。'草鞋的形状之所以相似,是因为天下人脚的形状相同。嘴对于味道,有相同的嗜好。著名的厨师易牙只不过比别人先发现了这种嗜好。假如每个人对口味的嗜好完全不同,其差别就像狗、马和我们人类之间的差别那么大的话,天下人的嗜好就不可能跟易牙做出的味道一致。一说到味道,天下人全都希望能做到易牙那样,这证明了天下人的味觉是相似的。耳朵也一样。一说到声音,天下人全都希望能做到师旷那样,因为天下人的听觉是相似的。眼睛也一样。一说到子都,天下人没有不承认他是美男子的。不承认子都是美男子的,一定是瞎子。所以,对于菜肴,嘴都有同一种嗜好;对于音乐,耳朵都会进行同一种鉴赏;对于人的脸,眼睛都具有同一种美感。那么,人的心灵怎么可能有那么不一致呢?心灵一致的点在哪里呢?那就是理,就是义。圣人只不过是先掌握了我们心灵的一致点而已。因此,理和义让我们心里高兴,跟牛、羊、狗、猪的肉让我们大饱口福,是完全一样的。"

【解说】

人的心灵也有一致点,人根据理、义对真伪、善恶做出同样的判断。这一结论是从人们关于味觉、听觉、美感的意见一致这一点类推出来的。孟子从性善说再往前推进一步,主张人们关于真理和正义的判断是一致的，他的这番话如果用康德[1]哲学的术语来说的话，应该相当于先验的事物。从这点看，孟子的论证在现代也是有生命力的。

理性的重要

【十五】

公都子问曰："钧是人也，或为大人，或为小人，何也？"孟子曰："从其大体为大人，从其小体为小人。"曰："钧是人也，或从其大体，或从其小体，何也？"曰："耳目之官不思，而蔽于物。物交物，则引之而已矣。心之官则思，思则得之，不思则不得也。此天之所与我者，先立乎其大者，则其小者弗能夺也。此为大人而已矣。"

【译文】

公都子问道："同样是人，但有的人成为了大人，有的人成为了小人，这是为什么呢？"

孟子回答道："如果按照身体的大的部分，也就是主要部分的要求去做，就成为大人。如果按照身体的小的部分，也就是末梢部分的要求去做，就成为小人。"

1　1724—1804 年，德国哲学家，德国古典唯心主义的创始人。主要著作有《纯粹理性批判》《实践理性批判》《判断力批判》等。

"同样是人，但有的人按照身体主要部分的要求去做，有的人按照末梢部分的要求去做，这是为什么呢？"

"耳朵和眼睛这两个器官没有思考能力，所以会被外物所蒙蔽。外物和外物混杂在一起，引诱耳朵和眼睛，使它们产生混乱。心这个器官具备了思考能力，如果思考，就能抓住对象；如果不思考，就抓不住对象。在天给予我们人类的身体中，如果首先立足于大的部分，也就是心，那么小的部分，也就是耳朵和眼睛就无法把心夺走了。这样一来，自然就能成为大人了。"

【解说】

孟子主张，人不能被耳目也就是感觉牵着鼻子走。如果能够牢牢立足于心，也就是理性的判断，凭借坚定的信念去行动，就可以成为大人，也就是具备了高尚道德的人，成为统治者。相对于杨朱等人的感觉论，孟子的立场是重视思考的理性主义。这段对话明确了孟子的这一立场。

天爵与人爵

【十六】

孟子曰："有天爵者，有人爵者。仁义忠信，乐善不倦，此天爵也；公卿大夫，此人爵也。古之人修其天爵，而人爵从之。今之人修其天爵，以要人爵；既得人爵，而弃其天爵，则惑之甚者也，终亦必亡而已矣。"

【译文】

孟子说："既有天给予的爵，也就是天爵，也有人给予的爵，也就是人爵。具备了仁、义、忠、信这些德行，乐于行善并丝毫不感到厌倦，这就是天爵。公、卿、大夫之类的身份则是人爵。古时候的人自己修习天爵，人爵自然就会随之而来。现在的人修习天爵，是为了获得人爵。有人一旦获得人爵之后，就会把天爵扔掉，这是非常错误的想法。这样的话，只会导致最终连人爵也失去。"

【解说】

孟子关于天爵、人爵的看法包含着深刻的训谕。即使在现代，有时也会使用天爵和人爵这两个词。

第十二卷　告子章句下

在这里，我想介绍原书的第七章和第九章。这两章体现了孟子的历史观的基础，具有极其重要的意义。

《春秋》的解释

【七】

孟子曰："五霸①者，三王②之罪人也；今之诸侯，五霸之罪人也；今之大夫，今之诸侯之罪人也。天子适诸侯曰巡狩，诸侯朝于天子曰述职。春省耕而补不足，秋省敛而助不给。入其疆，土地辟，田野治，养老尊贤，俊杰在位，则有庆，庆以地。入其疆，土地荒芜，遗老失贤，掊克在位，则有让③。一不朝，则贬其爵；再不朝，则削其地；三不朝，则六师④移之。是故天子讨而不伐，诸侯伐而不讨。五霸者，搂诸侯以伐诸侯者也，故曰：五霸者，三王之罪人也。五霸桓公为盛。葵丘之会⑤，诸侯束牲⑥、载书⑦而不歃血⑧。初命曰：'诛不孝，无易树子，无以妾为妻。'

再命曰：'尊贤育才，以彰有德。' 三命曰：'敬老慈幼，无忘宾旅。'

四命曰：'士无世官，官事无摄，取士必得，无专杀大夫。' 五命

曰：'无曲防^⑨，无遏籴，无有封而不告。' 曰：'凡我同盟之人，

既盟之后，言归于好。' 今之诸侯，皆犯此五禁，故曰：今之诸侯，

五霸之罪人也。长君之恶其罪小，逢君之恶其罪大。今之大夫，

皆逢君之恶，故曰：今之大夫，今之诸侯之罪人也。"

【注释】

① 关于孟子在此提到的五霸具体是指哪五位霸主，从春秋战
国到秦汉时期，可谓众说纷纭。因为孟子曾经将秦穆公¹列
为霸主，所以除了齐桓公、晋文公、秦穆公之外，有两种
可能，一种是加上楚庄王²和吴王阖闾³，另一种是加上楚庄
王和宋襄公⁴。孟子应该是采用了其中的一种说法。

1　？—前621年，春秋时秦国国君，名任好。公元前659—前621年在位。曾击败
晋国，俘晋惠公，灭梁、芮两国。后在崤（今河南三门峡东南）被晋军袭击，大败。
转而向西发展，攻灭十二国，称霸西戎。
2　？—前591年，春秋时楚国国君。芈姓，名旅。公元前613—591年在位。曾攻
灭庸国，国势大盛。继又进攻陆浑之戎，陈兵周郊，派人询问象征天子权威的九
鼎的大小轻重。后大败晋军，陆续使鲁、宋、郑、陈等国归附，成为霸主。
3　？—前496年，春秋末年吴国国君，名光。公元前514—前496年在位。灭徐国，
攻破楚国，一度占领楚都郢（今湖北荆州市荆州区西北），因秦兵来救及吴国内乱
而退兵。后被越王勾践打败，重伤而死。
4　？—前637年，春秋时宋国国君，名兹父。公元前650—前637年在位。齐桓公死后，
他与楚争霸。公元前638年伐郑，与救郑的楚军战于泓水（今河南柘城西北）。楚军
强大，他坚持"仁义"，要等楚军渡河列阵后再战，结果大败受伤，次年伤重而死。

② 夏禹、商汤、周文王。

③ 同"责"。

④ 即六军,指天子的军队。

⑤ 葵丘位于今河南省考城县[1]东部。公元前651年,齐桓公召集诸侯在此举行会盟,成为霸主。这次会盟被认为是由身为臣子的霸主主持的会盟的典范。

⑥ 本来应该宰杀牺牲来祭神,但这里说的是仅仅把牺牲绑住,然后献给神,并没有宰杀。

⑦ "书"指会盟时的盟约文书。"载书"这个词意思是记载誓约的文书。

⑧ 按照惯例,盟誓时要一起喝牺牲的血,但据说桓公没有这样做。

⑨ "曲"一般理解为"使……弯曲",其实应该是"沿国境到处修建堤坝"的意思。这样一来,像黄河这样流经很多个国家的大河就会倒流、横流,给其他国家带来困扰。

【译文】

　　孟子说:"五霸是古代三王的罪人,今天的诸侯是从前五霸的罪人,今天的大夫是如今诸侯的罪人。在古代制度中,

1　旧县名。在河南省东部。东汉由甾县改称。1954年与兰封县合并为兰考县。——编者注

天子到诸侯的国家行幸称为巡狩，诸侯到天子的都城朝贡称为述职。春天，亲切地视察农民耕作的情况，东西不足就予以补充；秋天，视察收割情况，东西不足就进行救济。进入诸侯的国境之后，如果该国土地得到开拓，农田被精耕细作，老人受到照顾，贤者受到尊敬，优秀人才被任命为官员，则有赏赐，赐给领地。相反，如果进入国境，发现该国土地荒芜，老人被遗忘，贤者被抛弃，横征暴敛的人担任官员，则会追究其责任。诸侯如果有一次不按期朝贡，就降低其爵位；如果有两次不朝贡，就削减其领地；如果有三次不朝贡，就出动军队，命令其到别的领地去。这就是天子的巡狩制度和诸侯的述职制度。天子虽然会责备诸侯的过错，但自己不进行征伐；诸侯虽然进行征伐，但是不责备谁的过错。五霸则亲自率领诸侯去征伐别的诸侯，所以我说五霸是三王的罪人。五霸中，齐桓公最厉害。在葵丘召开会议时，诸侯只是把用作牺牲的牛绑住，然后敬献给神，并没有宰杀牛，没有喝牛血就制定了盟约文书。第一条是‘诛杀不孝的太子，不废黜已经立为世子的儿子，禁止把小妾升级为正妻’。第二条是‘尊重贤者，培育有才能的人，表彰有德行的人’。第三条是‘尊敬老人，疼爱幼儿，接待宾客时不可怠慢’。第四条是‘士的官职不可世袭，官府的职位不可兼任，录用士的时候一定要合适，不能一个人专断地处死大夫’。第五条是‘不要无限制地修建堤防，不要禁止谷物的出口，赏赐领地时要通告大家'。最后，诸侯发誓：'今天参加这次会盟的所有人在签订了这份盟约之后，必须恢复以前的友好。'然后就散会了。如今的诸侯没有不违反这五项条约的。所以我说如今的诸侯是五霸的罪人。君主犯了过错，臣下却不加改正地予以实施，这是比较轻的罪过。对君主献媚，有意让他犯错误，这种罪过要大得多。如今的大夫都对君主献媚，有意让其犯错误。所以我说如今的大夫是如今诸侯的罪人。"

【解说】

以孔子所作的《春秋》这本编年史为基础，提倡对春秋的历史作批判性解释的公羊学派在齐国曾兴盛一时。孟子受该学派的影响，对《春秋》学很感兴趣，并形成了自己独特的历史观。这段话展现了他在《春秋》方面的深厚素养。

批判官僚军人

【九】

孟子曰："今之事君者皆曰：'我能为君辟土地，充府库。'今之所谓良臣，古之所谓民贼也。君不乡道，不志于仁，而求富之，是富桀①也。'我能为君约与国，战必克。'今之所谓良臣，古之所谓民贼也。君不乡道，不志于仁，而求为之强战，是辅桀也。由今之道，无变今之俗，虽与之天下，不能一朝居也。"

【注释】

① 夏朝的末代君主，因为施行暴政，被商朝的汤王消灭，是
　　传说中有名的暴君。

【译文】

　　孟子说："如今，为君主效力的人都说：'我能够为君主扩张
领土，充实国库。'这种人在如今可能是好的臣下，但在过去，
他们被称为人民之贼。因为君主不想走以道德为基础的道路，不
以仁德为志向，只是追求财富。这些臣下要让这样的君主变得富
强，就跟想要让夏朝的暴君桀王变得富强一样。他们还说：'我
能够为君主招揽同盟国，每战必胜。'现在的好臣子在过去被称
为人民之贼。因为现在的君主不想走以道德为基础的道路，不以
仁德为志向，只是致力于战争。这些臣下要帮助这样的君主，就
跟帮助夏朝的桀王一样。如果照现在这样的做法一直做下去，不
改变现在的风气，即使能够获得天下，也一天都不得安稳吧。"

【解说】

　　孟子猛烈批判了效力于战国时期各国君主的官僚军人。这
些话在现代也同样具有生命力。

第十三卷　尽心章句上

本卷以第一章第一句中的"尽其心"为篇名，大部分是简短的、片段式的语句，共计四十六章。不过，尽管简短，却包含了很多充满洞察力和睿智的名句。在此，我想介绍其中珠玑般的六章。孟子通常被认为是一位道德家，其实他也受到过聚集在齐国首都临淄的多流派思想家的影响，因此自然地展开了形而上学的思考。从这个意义上来说，他也是战国的时代之子，同时又具备了与现代相通的一些东西。

安身立命的根本

【一】

孟子曰："尽其心者，知其性也。知其性，则知天矣。存其心，养其性，所以事天也。夭寿①不贰，修身以俟之，所以立命也。"

【注释】

① 夭折和长寿。

【译文】

孟子说："让自己的良心获得充分发展的人，就能领悟人的本性。领悟了人的本性，就一定能领悟天命。之所以如此，原因之一是：保持人的良心，培育人的本性就是为天效命。原因之二是：不管是短命还是长寿，都一边修行道德，一边静静地等待天命，到寿命的结束，这就是安身立命的根本。"

【解说】

这段名句清楚地表明，孟子的唯意志论的人生观说到底也是建立在看破命运的基础上的。也许孟子借此吐露了自己晚年的心境。壮年的孟子更富于野心，但这段话让人感到他的野心已经逐渐萎缩。这四句话在以往的注释中都被理解成并列句。但我的解释是：前两句是主题，第三句和第四句是对其理由的说明。我相信，这样一来，全文将变得更为立体，逻辑也更清晰。

尽人事听天命

【二】

孟子曰："莫非命也，顺受其正。是故知命者不立乎岩墙之下。尽其道而死者，正命也；桎梏死者，非正命也。"

【译文】

孟子说："人生不被命运支配的是极少的，所以我们必须老老实实地接受天命的正确裁决。懂得了天命的人不会站在快要倒塌的墙垣下面（因为眼睁睁地在这种地方被压死不符合天命的正确裁决）。遵从道义，尽全力而死的人，受到的是正确的命运。被铐上手铐脚镣，在监狱中死去的人，则没有受到正确的命运。"

【解说】

开头的"莫非命也"在逻辑学上叫作否定之否定，也就是肯定。但是，在中国古代的语法中，否定之否定不一定表示全面肯定，有时是多多少少带点例外的肯定。这段文字属于后者。因为如果不是如此，就会与下文产生矛盾。对于正确的命运，必须尽人事听天命。不尽人事，站在快要倒塌的墙根下，眼睁睁地被压死，这就不能说是接受了正确的天命。不做充分的准备，眼睁睁地在冬天的山里死去，这也不能说是正确的天命。孟子虽然是命运论者，但却是尽人事听天命的命运论者，因此不是宿命论者。可以说其中有着儒家的传统睿智。

求在我

【三】

孟子曰："求则得之，舍则失之，是求有益于得也，求在我者也。求之有道，得之有命，是求无益于得也，求在外者也。"

【译文】

孟子说："如果寻求，就可以得到；如果放弃寻求，就会失去。这是寻求有助于获得的情况，因为寻求的对象存在于自我的内部。寻求有一定的方式，是否能得到与命运有关。这是寻求无助于获得的情况，因为寻求的对象存在于自我的外部。"

【解说】

这是察知了人生的智者留给后人的有益忠告。能在自我内部寻求的对象很少，而能在自我外部寻求的对象太多，也许这就是人生。不过，逐渐减少在自我外部的寻求，逐渐增加在自我内部的寻求，才是达人之路吧。

万物皆备于我

【四】

孟子曰："万物皆备于我矣。反身而诚，乐莫大焉。强恕而行，求仁莫近焉。"

【译文】

孟子说："一切事物在我体内都是具备的。反省一下我自己，如果没有缺乏诚意的地方，那么没有比这更让人快乐的事了。以同情心为基础，行动时毫不懈怠，这应该就是寻求仁德的最便捷路径。"

【解说】

将"万物皆备于我"理解为"关于万物的道理在我体内都具备"有点过头了，应该将其理解为万物存在于我体内这一直观体验。上一章中提到，有两种对象：一种向自己的内部寻求就可以得到，还有一种位于自己的身外，不一定能得到。这与"万物皆备于我"看上去似乎是矛盾的。不过正如我在上一章的解说中提到的那样，如果能够将在自我外部的寻求逐渐转变为在自我内部的寻求，那最终就能到达"万物皆备于我"这一心境。可以将其解释为一种极端的情况。

良知·良能
【十五】

孟子曰："人之所不学而能者，其良能也；所不虑而知者，其良知也。孩提之童，无不知爱其亲者；及其长也，无不知敬其兄也。亲亲，仁也；敬长，义也。无他，达之天下也。"

【译文】

孟子说："人不经过学习就能够做到的事情叫作良能，不经过思考就知道的事情叫作良知。即使是襁褓中的婴儿，也没有不知道爱父母的；稍稍长大之后，没有不知道尊敬他的兄长的。亲近父母是仁，尊敬兄长是义。只要把这种良知、良能推广到天下，它们就能成为仁，成为义。"

【解说】

孟子的性善说是从良知、良能的直观说发展而来的。性善说是有缺陷的，这自不待言，不过作为其根基的直观确实很宝贵。

人之三乐

【二十】

孟子曰："君子有三乐，而王天下不与存焉。父母俱存，兄弟无故，一乐也。仰不愧于天，俯不怍于人，二乐也。得天下英才而教育之，三乐也。君子有三乐，而王天下不与存焉。"

【译文】

孟子说："君子有三种乐趣，但不包括成为天下的王。父母健在，兄弟平安，这是第一种乐趣。抬头，行为无愧于天，低头，行为无愧于人，这是第二种乐趣。将天下英才召集到一起并教育他们，这是第三种乐趣。所以说，君子有三种乐趣，但不包括成为天下的王。"

【解说】

人最大的幸福被这三乐一语道尽。对于那些野心勃勃地想要成为总理、总裁、大臣、总经理，整天忙着算计怎么排挤别人的人，真想把这段话读给他们听听。

第十四卷　尽心章句下

这一卷也是以短文为主，由三十八章构成。与《尽心章句上》相比，稍欠精彩。在此，我只选择了四章，即原书的第二、第三、第十四和第二十六章。其中，第十四章中的"民为贵，社稷次之，君为轻"这句话是现代中国人最爱引用的句子。可以说，过去相对来说不太被重视的《孟子》凭借这句话在现代中国获得了重生，继续保持着生命力。

春秋无义战

【二】

孟子曰："春秋无义战。彼善于此，则有之矣。征者，上伐下也，敌国不相征也。"

【译文】

孟子说："《春秋》中关于正义战争的记录连一条也没有。

某个国家比敌国稍微好一点，这种情况肯定是有的。但征伐不正当者，是指上级讨伐下级，同等级别的国家无法互相做不正当的事。"

【解说】

"春秋无义战"这句话真是名言。在战争中，一方是绝对的正义，另一方是绝对的不正当，这种情况极少。双方都是在某一点上是正义的，在另外一点上是不正当的。正如孟子所说的那样，一方相对好一点，另一方相对坏一点的情况占了大多数。这种情况下，双方的战争也不可能是义战，这一观点是对的。孟子认为，相信自己是绝对正义的，对方是不正当的，并因此引发战争，这种现象是很奇怪的。正义之战只有在发动者是上级，更准确地说是超越了国界的更高权威才能获得认可，对于这一观点我也是赞成的。身为《春秋》学者的孟子对历史的认识非常深刻，直抵历史的最深处。

历史书的读法

【三】

孟子曰："尽信书，则不如无书。吾于武成①，取二三策而已矣。仁人无敌于天下。以至仁伐至不仁，而何其血之流杵也？"

【注释】

① 《尚书》的篇名，现存《武成》的文本是后世人的伪作，但在孟子那个时代，是可以读到原文的。其中记载的似乎是周武王攻打商纣王时的战斗场面。

【译文】

孟子说："如果相信书本上写的所有东西都是事实，那还不如没有书。拿《尚书·武成》来说，我只采纳了其中的两三行。因为仁者应该是无敌的，身为仁者的周武王去征伐不仁的商纣王，怎么可能像《武成》中说的那样，'因为激战而血流成河，使捣米用的木棒都漂浮起来了'呢？"

【解说】

孟子不相信《武成》中的记载，是因为其违反了"仁者无敌"这一原则。这是一种极其教条主义的批判，因此很难让人信服。不过，这种精神本身是很了不起的，即对于书本上写的东西，尤其是历史书，在多大程度上是真实的，必须给予充分的批判。孟子作为历史哲学家或历史学家，在中国的史学史上占有自己的一席之地。

民主主义的思想

【十四】

孟子曰："民为贵，社稷①次之，君为轻。是故得乎丘民而为天子，得乎天子为诸侯，得乎诸侯为大夫。诸侯危社稷，则变置。牺牲既成，粢盛既洁，祭祀以时，然而旱干水溢，则变置社稷。"

【注释】

① 直接的意思是土地神和谷物神。不过"社稷"象征着国家，一般被用于"国家"之意。

【译文】

孟子说："人民是最重要的，身为土地神和谷神的社稷的重要性次之，君主最轻。所以获得民众的信赖就可以成为天子，受到天子的喜爱就可以成为诸侯，受到诸侯的喜爱就可以成为大夫。诸侯如果使社稷，也就是使国家陷入危机，就会被迫退位。如果以肥壮的牲口为牺牲，献上洁净的供品，并在规定的时期进行祭祀，但却发生了旱灾和水灾的话，就把社稷神换成新的神。"

【解说】

认为人民最重要，将社稷，也就是作为地域团体的国家放在其次，认为君主的重要程度最低，孟子的这一排序体现了他民主主义政治思想。

对儒家的确信

【二十六】

孟子曰："逃墨必归于杨，逃杨必归于儒。归，斯受之而已矣。今之与杨、墨辩者，如追放豚，既入其苙①，又从而招之。"

【注释】

① 在家里圈养家畜的栅栏。

【译文】

孟子说："离开墨子学派的人一定会投奔杨朱，离开杨朱学派的人肯定会投奔儒家。只要当场接受前来投奔的人就行了。现在和杨朱、墨子进行辩论的人，就好比本来已经把猪赶到猪圈里去了，现在又要叫它出来一样。"

【解说】

孟子表达了这样一种自信和确信，即杨朱、墨子思想的意义已经消失，如今应该由儒家思想来指导一切。他说，对于已经从杨、墨两家那里出来皈依儒家的人，我们就默默接受吧。

孟子相关年表 [1]

公元	中国纪年	孟子及中国有关事项	公元	世界形势
前481	周敬王三十九年	孔子编纂的《春秋》到这一年为止。		
			前480	萨拉米斯海战。
前479	四十一年	孔子去世。		
前473	元王三年	吴败于越，国灭。		
前468	贞定王元年	越迁都琅琊。		
前453	（战国时代前期）十六年	韩、魏、赵三家分晋，各自独立。		
			前451	罗马制定十二铜表法。
前447	二十二年	楚灭蔡。		
前445	二十四年	魏文侯即位，此后魏国势力渐强。		
			前438	建造帕特农神庙。
			前431	伯罗奔尼撒战争开始。
			前428	柏拉图出生。
前403	威烈王二十三年	韩、魏、赵三国被周王承认为诸侯。		
			前399	苏格拉底去世。
前386	安王十六年	齐国的田和被承认为诸侯。		

1　关于孟子相关年表，目前许多时间点都说法众多，尚无定论，本书谨从作者原意，未作改动。——编者注

公元	中国纪年	孟子及中国有关事项	公元	世界形势
前375	周烈王元年	韩灭郑，迁都郑。		
前370	六年	该年前后，孟子生于与鲁国南边接壤的小国——邹。孟子名轲，字子车或子舆。因为是鲁国孟孙氏的支系，所以称为孟子，不过其父母的名字不明。		
前369	七年	韩、魏、赵三国中，此时魏最强大。		
前367	显王二年	周发生内乱，赵、韩两国出兵，分周为二，建立了东周，将其作为西周的分部。	前367	李锡尼·塞克斯提乌斯法在罗马颁行。
前364	五年	秦自献公即位以来，国力逐渐强盛，该年于石门大胜魏军。		
前361	八年	魏无法阻止秦的东进，另外也考虑到与赵、韩两国的关系，将都城从安邑迁至大梁。此后魏改称梁。		
前359	十年	秦孝公任用商鞅，进行第一次改革，也就是变法。	前359	马其顿的腓力二世即位。
前356	十三年	梁惠王致力于成就霸业，对韩、宋、鲁、卫等国施加压力，令其君主来朝。		
前354	十五年	此时赵的势力很强，攻打梁的盟国——卫，因此梁包围了赵的都城邯郸。赵向齐求援，共同对付梁，但没能使梁屈服。		
前353	十六年	魏在桂陵大败于齐。此后齐的势力渐强。		
前351	十八年	一般认为，此时孟子在鲁游学。崇拜孔子的孟子奔赴鲁国，跟着子思的门人学习。子思是孔子的孙子。		
前350	十九年	秦迁都咸阳，实行县制。商鞅实施第二次变法。此后秦的势力渐强。		

（战国时代中期）

公元	中国纪年	孟子及中国有关事项	公元	世界形势
前344	二十五年	此时梁的势力达到顶峰。惠王把韩、宋、卫、鲁等国的君主召集到逢泽，带着他们以及秦的代表一起朝见周显王。自此，惠王自称王。		
前342	二十七年	梁攻韩，韩向齐求援。		
前341	二十八年	梁、齐间发生战争。梁在马陵大败于齐的孙膑，将军庞涓战死，太子申被俘。梁惠王的霸业开始走下坡路。	前341	波斯征服埃及。
前338	三十一年	秦孝公去世，商鞅受车裂之刑。秦攻打梁的岸门，大胜，梁将军魏错被俘。	前338	喀罗尼亚之战。
			前336	亚历山大大帝即位。
前335	三十四年	孟子此时去了齐的都城临淄。齐威王喜欢学问，他召集天下学者，在临淄的西门—稷门外为他们提供住宅，供他们居住，因此他们被称为稷下学士。当时还年轻的孟子未能跻身于学士之间，不过，他跟着淳于髡学习雄辩术，跟着公明高学习《春秋》的解释学，并与宋钘、尹文等原始道家的学者们进行交往。		
前334	三十五年	受到秦、齐两国夹击的梁惠王不得已采用了宰相惠施的方针，奔赴齐的徐州与威王会面。	前334	亚历山大大帝东征。
前333	三十六年	齐在徐州大败于楚。		
前330	三十九年	梁在雕阴大败于秦，将黄河以西的领土进献给秦。	前330	波斯帝国灭亡。
前328	四十一年	秦任命张仪为大臣。梁将上郡十五县割让给秦国。		

公元	中国纪年	孟子及中国有关事项	公元	世界形势
前325	四十四年	秦惠文君自称王。该年，赵武灵王即位。		
前323	四十六年	梁惠王为了增加盟国间的团结，采纳了公孙衍的意见，号召韩、赵、燕、中山四国的君主与梁一样，都称王。对此，秦越发采取攻势。楚派遣昭阳在襄陵击溃梁军，夺取八邑。		
前322	四十七年	梁惠王以张仪为大臣，采取连横政策，解除了惠施的职务。但是，合纵派得到东方各国的支持，因为反对这一政策，梁的舆论分为两派。		
前320	周慎靓王元年	孟子来到梁国与惠王见面，面对在舆论面前举棋不定的惠王，倡导仁义之道。这是孟子首次进入政界(他的前半生情况不明。从这时开始，其事迹才逐渐清晰起来)。燕王哙即位。		
前319	二年	梁的合纵派公孙衍得到齐、楚、燕、赵、韩五国的支持，成为梁的大臣，张仪被解除职务。梁惠王去世。		
前318	三年	梁襄王即位。孟子见了襄王后很失望，离梁赴齐，获得宣王的信任，成为国政的最高顾问。宋国国君偃自称王。梁、赵、韩、燕、楚五国合纵攻秦，在函谷关遭遇大败。		
			前317	孔雀王朝在印度成立。
前316	五年	燕王哙产生了禅让的想法，将王位让给大臣子之。对此感到不满的贵族们发动内乱。		

公元	中国纪年	孟子及中国有关事项	公元	世界形势
前315	六年	此时,孟子因为母亲去世,由齐返鲁,厚葬母亲。		
前314	周赧王元年	燕原来的太子平和将军市被攻打子之,大败。因为齐国成为了和秦国不相上下的大国,齐宣王趁势出兵燕国,企图干涉。据说将实现王道国家的梦想寄托在宣王身上的孟子积极地推动了这件事。匡章率领的齐军仅用五十天就征服了整个燕国,还抓到了哙和子之,杀了他们。但是,齐因为占领政策不当,失去了燕人的信赖,赵趁此机会扶植燕公子职登上王位(昭王)。		
前312	三年	由于齐占领了燕,害怕势力均衡被打破的梁、韩、秦等国与赵一起对齐施加压力。不知如何处理的宣王征询孟子的意见,孟子主张,如果占领政策失败的话,当然应该撤军。由此,孟子与宣王在感情上产生了不和,该年无可奈何地离开齐国。此时,各国分为两个阵营:秦、梁、韩、赵的四国同盟及齐楚同盟。		
前311	四年	孟子在由齐返回故乡邹的途中,在宋逗留。此时,滕国太子(后来的文公)在出使楚国的往返途中拜访孟子,听其讲了性善说等。		
前310	五年	张仪再次成为梁的大臣。		
前308	七年	此时,孟子经由薛回到邹。薛是当时齐的领地,领主是孟尝君田文。在邹国,从君主穆公那里听说国民不支持与鲁国进行战争,孟子力陈其责任在于为政者没有仁心。		

公元	中国纪年	孟子及中国有关事项	公元	世界形势
前307	八年	滕定公去世，太子派臣下然友赴邹请教孟子关于丧制的情况，并听从孟子的意见，亲自服丧三年。不久，孟子应文公之邀成为滕的政治顾问，他意气风发地想要把这个小国建设成为理想的模范国家，打算实行井田制等。其他各国听说这个消息之后，农家的许行等人也想将其学说付诸实施，由楚来滕。 该年，秦夺取韩的要地宜阳，以此为踏板更加积极地侵略中原。		
前306	九年	楚趁越发生内乱，灭越。赵武灵王开始向北扩张，到达榆中。		
前305	十年	此时，孟子辞去滕国顾问，去往鲁国，本想通过自己的门人、同时也是鲁国执 政的乐正子的介绍面见平公，但由于别人的中伤，未果。不久后孟子回到故乡邹，过起了隐退生活。此时离他去世只有一两年的时间了，他每日都埋头于教育他的得意门生，如公孙丑、万章等。	前305	托勒密王朝在埃及成立。
前299	十六年	楚怀王被秦扣留，死。		
前288	二十七年	齐称东帝，秦称西帝。		

出版后记

本书原名《孟子》，2004年由日本讲谈社出版，受到了广大读者的喜爱与好评，至今已重印近20次。

正如本书作者贝冢茂树所说："如今出版的《孟子》的文本、译本、注释书可谓汗牛充栋，但却很难找到能让人读起来津津有味的。"

因此，他在写作本书时，没有停留在对《孟子》原文字句的解释，而是把孟子放到诸侯混战、百家争鸣的时代背景中，追寻了他从游说各国到退而讲学的生命轨迹。在此基础上，选取《孟子》原文进行译注，并对原文内涵进行详细的解说，从而深入地阐述了孟子的思想，重现本真孟子。

本书《孟子》原文点校底本综合参考了朱熹《四书章句集注》、焦循《孟子正义》、杨伯峻《孟子译注》及作者在"凡例"中说明的所采用的点校底本。

为了进一步帮助读者理解，本书在编辑过程中添加了脚注，对一些人名、地名、字句等进行详细的解释说明。本书的脚注大部分为译者所加，编者所加脚注标有"编者注"字样。

　　《孟子读本》与接下来将要出版的《论语读本》《老子读本》《庄子内篇读本》《墨子读本》《孙子读本》组成了"讲谈社·诸子的精神"系列，介绍了轴心时代的诸子思想，展现了中华文明的精神底色。

　　服务热线：133-6631-2326　　188-1142-1266

　　读者信箱：reader@hinabook.com

后浪出版公司

2019年5月

图书在版编目（CIP）数据

孟子读本：诸子的精神 /（日）贝冢茂树著；李斌
译. -- 北京：北京联合出版公司，2019.6（2020.12重印）

ISBN 978-7-5596-3003-2

Ⅰ. ①孟… Ⅱ. ①贝… ②李… Ⅲ. ①儒家②《孟子》
—注释 Ⅳ. ①B222.52

中国版本图书馆CIP数据核字(2019)第046995号

孟子读本：诸子的精神

著　　者：［日］贝冢茂树
译　　者：李　斌
出 品 人：赵红仕
选题策划：后浪出版公司
出版统筹：吴兴元
编辑统筹：梅天明
责任编辑：牛炜征
特约编辑：王　璐　李夏夏
营销推广：ONEBOOK
装帧制造：墨白空间

- -

北京联合出版公司出版
（北京市西城区德外大街83号楼9层　100088）
北京天宇万达印刷有限公司印刷　新华书店经销
字数144千字　787毫米×1092毫米　1/32　8.25印张
2019年6月第1版　2020年12月第3次印刷
ISBN 978-7-5596-3003-2
定价：39.80元